KB261352

엄마는 오늘도 소금땅에 물 뿌리러 간다

믿음이란 한 알의 밀알이 땅에 떨어져 죽음으로 많은 열매를 맺음과 같이 진리의 열매를 위하여 스스로 죽는 것을
뜻합니다. 눈으로 볼 수는 없으나 영원히 살아 있는 진리와 목숨을 맞바꾸는 자들을 우리는 믿는 이라고 부릅니다.
「믿음의 글들」은 평생, 혹은 가장 귀한 순간에 진리를 위하여 죽거나 죽기를 결단하는 참 믿는 이들의, 참 믿는 이들을
위한, 참 믿음의 글들입니다.

엄마는 오늘도 소금땅에 물 뿌리러 간다

최유진 지음

홍정사

일러두기

- 본문에 등장하는 이름은 경우에 따라 가명을 사용했습니다.
- 본문에 인용한 성경 구절은 새번역 성경을 따랐습니다.
- 본문의 꼭지 글들 가운데 '위기 탈출 넘버 원'에서 언급한 자폐증 개념은 네이버 지식백과를 참조했습니다.

울다 지쳐 눈은 붓고

머리는 산발한 사람 곁에

살그머니 앉아 말을 걸어 본다

수줍고 어눌한 한 사람이

손을 내민다

가만히 눈을 들여다본다

손을 꼭 잡으며 어깨를 끌어안으며

속삭인다

당신도 아프군요

혼자 울지 말고 같이 울어요

세 아이와 함께 아람누리에서 열린 '베토벤 vs 브람스' 교향악 연주회에 참석해 〈운명〉 교향곡 연주를 듣고 있다가 느낀 점 하나.

금관 파트에서 악기 구성은 튜바 둘, 호른 넷, 트롬본 셋인데 3악장이 끝나도록 트롬본 주자들은 미동도 없이 앉아만 있다가 휴지부 없이 3악장에서 4악장으로 바로 넘어갈 때 연주를 시작했다. 피콜로도 연주하는 부분이 적다. 덩치도 작지 않은 연주자가, 비로소 피콜로의 화사한 음색을 뽐낸 것은 종결부에 가서였다. 트라이앵글 치는 분은 아예 메인에선 나오지도 못하고 앵콜 곡 세 곡 중 뒤의 두 곡에서만 등장했다.

오케스트라가 삶이라면, 난 늘 멜로디 라인인 현악 파트가 되고 싶었다. 하지만 수십 분을 묵묵히 앉아 있는 트롬본이나 너무 작아서 잘 보이지도 않는 피콜로라 해도 〈운명〉 교향곡 종악장 연주에서는 꼭 필요한 악기들이다. 아주 잠시 제 존재를 드러낸다 해도… 반드시 바이올린이 될 필요는 없다.

이 책은 '다름'과 '더불어 삶' 그리고 '소통'에 관한 것이다. 순탄하게, 별 걱정 없이 살다가 아이의 장애와 맞닥뜨리면서, 미욱한 엄마가 비로소 사랑에 대하여, 이웃과 세상에 대하여 조금씩 눈 떠 가는 이야기다. 이유를 알 수 없는 고난을 겪기 전에는 이 세계가 이토록 아름답고 다양한지 깨닫지 못했다. 횡단보도 앞 빨간 신호에 걸려 멈춰 선 뒤에야 쇠별꽃이 눈에 들어왔고 직박구리의 대화가 귀에 들어왔다. 곁에서 늘 흘러넘쳐 귀한 줄 모르고 생각 없이 스쳐 지나가던 멜로디가 별안간 뚝 잘려나가고 나서야 다시금 그 가락의 첫 소절부터 끝 소절까지 음표와 쉼표 하나 놓치지 않으려 애쓰게 되었다. 아이와 소통하는 데 늘 애를 먹으니 말이 통하는 사람을 만나면 그렇게 기쁠 수가 없고, 말이 통하지 않는 사람을 만나면 내 아이를 본 듯해서 그렇게 안쓰러울 수가 없다. 이리 보아도 사랑, 저리 보아도 사랑… 고난과 아픔은 내게 삶과 사랑을 가르쳐 주는 스승이다.

평범한 주부로서 아주 작은 이들과 살아감. 내 삶이 금빛 트롬본인지 은빛 피콜로인지, 그도 아니면 가끔 타악기 파트에서 장식음으로 반짝거리는 트라이앵글을 닮았는지 잘 모르겠다. 다만 이 세계의 오케스트라 속에서 조화를 이루어 가는 일원으로서 나도, 내 아이도, 이 글을 읽는 당신도 명랑한 음악의 한 부분임을 기뻐한다. 가끔 연주가 서투른들 어떠랴. 조금 더 힘차고 부드럽게 어울리며 클라이맥스로 함께 치닫는 것만으로도 벅차고 흐뭇하다. 그러니 그대여, 기꺼이 나와 이 연주에 동참해 주시기를.

2016년 4월

최 유 진

애벌레에서 고치로

고치에서 나비로

애벌레의

삶

동네 바보 형

일산의 어느 백화점 근처에서 모임을 마치고 집으로 가던 오후. 마을버스 맨 앞자리에 앉은 청년이 손뼉을 치고 고함을 지르며 큰소리로 중얼중얼 혼잣말을 한다. 다른 사람 얼굴 앞에 불쑥 자기 얼굴을 들이밀기도 하고, 심지어 운전석으로 달려들어 계기반을 조작하려 들기까지… 참으로 위험하고 아슬아슬한 순간이었다.

시끄럽고 귀찮고 위험하다 느낀 버스 운전기사는 그 청년을 가차 없이 야단쳤다.

"돈도 안 내고 복지카드만 보여 주고 탄 놈이… 자꾸 이러면 경찰서 앞에 내려 준다!"

그제야 신변의 위협(?)을 느낀 청년은 허둥지둥 버스에서 내렸다. 보아 하니 내려야 할 정류장도 아닌데 경찰이 무서워 도망치는 모양새였다.

아무도 말은 하지 않았지만 그 청년이 내린 직후 버스 안에 흐르던 분위기는 너나 할 것 없이 참으로 다행이라는, 안도의 분위기였다. 함께 버스를 탄 승객들이 자신의 행동을 어떻게 보고 있는지 전혀 인식하지 못하는 그 모습은 내게는 너무나 익숙한 것이었다. 아무도 반기지 않는 그 사람을 보며 얼마나 마음이 아팠던지….

초등학생인 막내는 가끔 가다 이런 말을 하곤 했다.

"어휴… 정말이지 오빠만 없으면 소원이 없겠어. 오빠는 너무 귀찮아. 날 너무 못살게 굴고…."

모진 말이지만, 늘 괴롭힘을 당하는 동생이라면 그런 말이 나올 법도 하리라. 이제는 아들이 많이 어른스러워졌지만, 불과 3년 전까지만 해도 식구들이 겪는 고생은 이만저만 기상천외한 게 아니었다.

누이들은 인형을 선물 받는 족족 오라비에게 다 빼앗겼다. 아들은 미미와 주주들의 머리카락을 다 자르고 수영복과 스노클링 장비를 부착시켜 아무도 손대지 못하는 곳에 숨겨 놓았다. 몇 년이 지난 얼마 전에야 유괴된 인형 하나를 구출했지만, 망가진 인형은 결국 누이들에게 사랑받지 못하고 버려졌다.

자기 맘에 안 드는 말이라도 하면 동생 입을 틀어막고 강제로 다른 방에 끌어다 가두기 일쑤였다. 다행히 그런 일은 이제 없어졌지만, 텔레비전에서 나오는 노래라도 따라 부르면 지금도 고개를 절레절레 내저으면서 입을 틀어막으러 온다.

푸드코트에 갔을 때 절대 자기가 먹는 메뉴를 다른 사람이 주문해서는 안 된다. 푸드코트에서는 자기만의 자리가 있어, 식구들과 같은 자리에서 식사하는 법이 없다. 같이 먹자고 가까이 가면 음식 쟁반을 들고 저 멀리 달아난다.

식탁 등은 밤새도록 켜져 있어야 하는데, 이게 꺼져 있는 걸 아는 날에는 그야말로 야단이 났었다. 전기 아끼려고 껐다가, 새벽 3시에 내 얼굴에 대고 흐느끼는 아이 얼굴을 보고 소스라쳐 일어난 적도 있었다.

한겨울에는 아파트 현관 앞에 스케이트장을 만든다고 물을 몇 양동이나 깃다 부었는지…. 그게 스케이트장이 되냐고!

맘에 드는 반찬이 안 나오면 사흘이고 나흘이고 아무것두 안 먹고 버티기도 했다.

자기가 남을 때리는 건 괜찮지만, 남이 자기를 때리는 건 있을 수 없다.

항상 귀를 틀어막고 큰소리로 중얼거리고 다녀서, 가끔 "쟤 신 들린 거 아냐?" 하는 말도 들었다.

자기가 앉아야 한다고 마음먹은 버스 좌석에 누가 먼저 앉아 있으면, 그 사람 무릎에 떡하니 올라타서 당황한 적이 한두 번이 아니다. 이런 코미디 영화 같고 시트콤 같은, 그러나 당하는 식구들에게는 너무나 짜증나고 힘겨운 생활이 우리 집 식구들의 일상이었다.

보통 정신적인 장애가 있는 아이를 키우는 엄마들은 "넌 천사야… 넌 그릇이 커…" 이런 말을 듣곤 한다. 그러나 아이에게 하루 종일 시달린 날은 정말이지 가출하고 싶고 꼴도 보기 싫어진다. 그야말로 "야! 내 버스에서 내려!!" 이렇게 말하고 싶어진다. 그러면서도 아무도 내 아이를 반겨 주지 않고 좋아해 주지 않을까 봐 마음 아프니… 엄마는 늘 애증의 감정에 힘겹다.

나는 정말 혈육이란 끈만 아니었다면 벌써 저 멀리 도망치고도 남았을 사람이다. 아이를 통해 내 마음속 사랑의 양을 가늠하게 된다. 아이를 키우면서, 난 내 마음에 드는 사람만 좋아하는 사람이었단 것을 알게 되었다. 상냥하고, 멋지고, 지적이고, 남을 배려하는 사람이 좋다. 동네 바보 형들은 성가신 존재… 어떤 도움도 유익도 주지 않는 존재이기에, 난 그가 빨리 내 버스에서 내려 주기를 바란다.

아이를 통해 늘 내면 깊은 곳의 어둠을 본다. 나는 사랑할 능력이 없는 사람이며, 강자 지향형 인간이었음을 알게 된다. 예수님도. "너희를 사랑하는 사람만 너희가 사랑하면, 무슨 상을 받겠느냐"(마태복음 5:46)라고 묻지 않으셨던가. 나를 사랑하지도 않고 내게 아무런 유익도 주지 못하는 사람에게 손을 뻗는 것이야말로 사랑이라 하셨거늘.

내가 손을 내밀어 주지 않으면 동네 바보 형들은 사랑받기 어렵다. 예쁨 받을 만한 자원들을 그다지 갖고 태어나지 못했기에. 그들에게 먼저 손을 내미는 사람이라면 이미 크리스마스의 의미를 알리라. 아름답고 친구가 많은 이들은 이미 많이 가졌고 또 계속 누릴 것이지만, 그들은 가진 것이 아무것도 없으니.

그날

"요섭이 어머님, 전 어린이집에서 요섭이를 맡고 있는 담임교사입니다. 어머님께 꼭 말씀드려야 할 일이 있어서…"

1997년 어느 평온한 봄날 오후, 내 삶을 크게 바꾸어 버린 전화가 한 통 걸려 왔다.

"네, 말씀하세요."

"어머님, 요섭이가 어린이집에 온 지 한 달이 되었는데 상호작용이 전혀 없어서요. 친구들과 어울리지도 않고, 같이 놀이를 하지도 않아요. 수업에 참여하지도 않고, 율동도 따라 하질 못해요. 그 나이 또래들이 수행하는 작업들을 못하네요. 두 돌이 지났는

   엄마는 오늘도 소금땅에 물 뿌리러 간다

데 말도 아직 한 단어 수준이고… 하루종일 구석에 가 있지 않으면 선생님 등에 매달려 업어 달라고 우는 게 고작이에요. 아이들이 맨 처음 어린이집에 들어와서는 적응을 하느라 애를 먹는 건 사실이지만 요섭이 경우에는 그것과는 양상이 좀 달라요. 이런 말씀은 무척이나 조심스럽고 드리기 어려운 얘기이긴 해요. 그래도 꼭 알려 드려야겠다 싶어서… 어머님, 요섭이에게 자폐 성향이 있는 것 같아요."

무심히 수화기를 귀에 대고 있다가 맥이 빠져 바닥에 주저앉았다. 밝은 창 밖과 대조적으로 방 안은 어둑어둑했다. 정신이 아득해져서 벽에 등을 기대고 다리를 끌어 모으고 무릎에 머리를 얹었다. 편도선염에라도 걸린 듯 목구멍이 갑자기 부풀어 올랐다.

"네…."

"저도 특수교육을 공부한 적이 있고 제 가족 중에도 그쪽에서 종사하는 사람들이 많아서 그런 모습을 보면 바로 알 수 있거든요. 어머니, 힘들고 언짢게 여겨지실지 모르지만 요섭이를 데리고 병원에 가보세요. 얼른 가셔서 진단을 받고 알맞은 교육을 받으면 많이 좋아진다고들 해요…."

"…."

진심으로 걱정해 주는 상냥한 목소리.

아, 그거였구나. 마음속 깊은 곳에서 희미하게 스멀거리던 불안감의 정체가 그것이었구나.

내가 '자폐증'이란 말을 처음 접한 것은 1989년 개봉한 영화 〈레인맨〉을 보면서였다. 더스틴 호프만이 자폐인으로 나와 인상적인 연기를 펼쳤는데, 영화를 볼 당시만 해도 불과 몇 년 뒤 그런 증상을 지닌 아이의 엄마가 되리라고는 꿈에도 생각지 못했다. 억양 없는 말투, 표정 없는 얼굴, 의사소통 능력 부족, 지능과 언어의 결핍, 자신의 생활 패턴만을 끝내 고집해 타협이 불가한 점, 때때로 보이는 비상한 기억력. 영화 속 자폐인 레이먼드의 그 모든 것은 바로 내 아이의 것이기도 했다. 비록 레이먼드처럼 증세가 심한 것은 아니었지만.

영화에 이어 두 번째로 '자폐'란 이런 것이구나 하고 느낀 것은 직장생활에서였다. 사장님이 대학을 졸업한 딸을 데려와 어린이 책을 내는 작은 사무실을 따로 내주었다. 단둘이서 일하게 되었는데, 행동이 참으로 묘했다. 내가 말을 걸 때는 전혀 대답하지 않다가 내킬 때만 말을 하는 것이었다. 대화가 불가능하고 혼잣말을 할 뿐이니 사무실에 둘만 있기가 두려울 지경이었다. 하루종일 서로 아무 말도 하지 않는 날이 많아 파트너인 나는 극심한 어려움을 느꼈다. 서로 의견을 주고받으며 더불어 일한다는 생각을 전혀 하지 못하는 그 사람과 도저히 같이 지낼 수 없어, 나는 위장병만 얻고 회사를 그만두었다. 그때만 해도 역시나, 그렇게 쉽사리 도망칠 수는 없는 질긴 인연을 가족으로 인해 맺게 될 줄은 상상도 하지 못했다. 옛말에 '여우 피하려다 호랑이 만난다'는 말이 있다던가.

연년생으로 둘째를 낳은 지 막 26개월이 넘은 즈음이었다. 이제 사회로 복귀할 시간이 되었다고 생각하던 내게 같이 일해 보지 않겠느냐는 친구들의 제의는 마치 복음처럼 달콤하게 들렸다. 부랴부랴 어린이집을 알아보았고, 운 좋게도 구립 어린이집에 두 자리가 비어 아이들을 맡길 수 있게 되었다. 결혼식을 앞둔 신부처럼 두근거리는 가슴을 안고 5년 만에 새 직장으로 출근했다. 과중한 육아 스트레스에 지쳐 거의 우울증으로 치닫는 문턱에서 있던 처지라, 잠시나마 집에서, 아이들에게서 벗어난다는 생각만으로도 기쁘기 그지없었다. 단 한 가지, 몇 주 전 목격한 기묘한 광경에서 비롯된 불안감은 고개 저어 잠시 물리쳐 두고.

동생이 대학을 졸업하던 2월 말이었다. 집에서 그리 멀지 않은 곳이라 온 가족이 나들이를 겸하여 졸업식에 갔다. 동생과 같은 대학을 나왔기에 오랜만에 밟아 보는 캠퍼스가 퍽 반갑고 모처럼 떠들썩한 분위기가 싫지 않았다. 누구를 위한 축제인지 군데군데 알루미늄 풍선 파는 사람들이 보였고 디즈니 만화 캐릭터가 그려진 풍선 하나를 선물 받은 큰애는 입이 함박꽃만큼 벌어져 있었다. 아들의 기묘한 행동을 본 것은 수많은 사람들이 어우러져 한창 사진을 찍고 있던 대강당 앞에서였다.

"쟤가 왜 저러지?"

남편이었던가 친정어머니였던가, 가리키는 손가락을 따라 시선이 멎은 곳에서 아이는 귀를 막고 울부짖으며 대강당 앞마당을 끝없이 달려 왕복하고 있었다.

"왜 그러니? 어디 아파?"

아이를 안고 달래 보려 했지만 허사였다. 특별히 아픈 곳은 없는 것 같았지만 뭔가 조금 이상했다. 마치 발작 같은 증세였다. 기분이 나빠 우는 것만은 아닌 것 같은데 도무지 이유를 알 수 없었다. 아이를 달래느라 진땀 빼는 와중에 큰애는 산 지 얼마 되지 않은 알루미늄 풍선을 놓쳤고 야속한 바람은 풍선을 금세 아무의 눈도 닿지 않는 곳으로 데려가 버렸다.

아이는 어찌어찌 울음을 그쳤고 졸업식은 끝났다. 출근하는 남편 대신 친정어머니가 함께 아이들을 집까지 데려다주고 가겠노라고 자청하셨다. 아들은 버스에서부터 다시 기분이 언짢아졌는지 영문 모를 고집을 피우기 시작했다. 악을 쓰는 아이의 돌출 행동에 어머니는 하마터면 버스 계단에서 구를 뻔하셨다.

'왜 저러지, 대체?'

버스정류장에서 집까지 아이들의 느린 걸음을 참작하더라도 평소 15분 정도 걸으면 충분했는데, 그날은 발버둥치고 소리 지르는 아들로 인해 대여섯 배나 되는 시간을 잡아먹었다. 그날 몹시 애를 먹은 기억이 지금도 생생하다. 엄마는 나중에 말씀하셨다.

"그날부터 좀 이상했었어. 그 졸업식 날… 정말 이상하지 않던."

 엄마는 오늘도 소금땅에 물 뿌리러 간다

"맞아, 그랬어요."

이제 와서야 좀 알 것 같다. 그렇게 넓고 사람 많은 곳에 난생처음 발을 들인 아이가, 소음과 스트레스를 견디지 못해 보인 반응이었다는 것을. 유달리 예민하면서도 표현할 방도를 알지 못한 아이가 극심한 괴로움을 표출하는 모습이었다는 것을.

전화가 걸려 온 봄날 이후 우리 가족의 삶은 크게 변했다. 대학병원에 가서 내 아이와 같은 아이들이 얼마나 많은지 알고 깜짝 놀랐다. 진단 한 번 받는 데도 몇 달이 걸렸다. 원인도 알 수 없다 했다. 혈소판 수치나 콜레스테롤 수치처럼 정확한 진단 기준이 있는 것도 아니라서 수많은 검사 끝에 "애기한테 자폐 성향이 있는 것 같아요…" 이 말 한마디만 들을 수 있었을 따름이다. 목이 타는 사람이 감질나게 물 한 방울 얻어 마시고 "이제 수천 킬로미터를 걷게 될 텐데 샘이 어디 있는지는 잘 모르겠습니다. 행운을 빕니다" 이런 말을 들은 기분이랄까.

발달장애 아들에게 의사와 치료사, 특수교사들은 돕는 이요 길잡이지만, 아이가 어떤 지점까지 이를 수 있을지는 아무도 모른다. 아이의 앞날이 보이지 않는 것은 모든 부모에게 해당되는 말이겠으나, 유독 남다른 어려움을 짊어진 장애아의 부모는 혼란과 절망을 딛고 일어서는 숙제까지 같이 지고 출발한다. 거대한 어두움, 자칫하면 거기 깔려 납작 찌부러질 것 같은 어두움에 대면해야 하는 숙제다.

자폐 성향이 있다는 진단을 받은 후 병원에서는 집 근처에 있는 조기교실을 추천해 주었다. 조기특수교실은 학령기 전 발달장애 아동을 대상으로 장애 수준에 맞는 맞춤식 교육을 통해 2차적인 장애를 경감하고 일반 아동과의 통합 교육 능력을 향상시키는 데 목적을 둔 교육기관을 말한다. 상담 첫날, 끝내 울먹거리던 내게 원장 선생님은 티슈 한 장을 뽑아 건넸다.

"울지 마세요, 어머니."

냉정한 듯 담담한 말투에 마음이 착 가라앉으면서 위로를 받았다. 보이지 않는 손이 우리 가족을 어떻게 이끌어 갈지 그때는 몰랐다. 이후로 얼마나 많은 사랑과 도움의 손길이 나와 내 아이의 인생을 붙잡아 줄지, 그 손길들이 얼마나 따뜻하고 귀한 것인지 알지 못했다.

많은 선생님과 많은 친구들을 만나면서 아이는 천천히 자랐다. 목련이나 개나리가 다 진 뒤에도 여전히 물기조차 비치지 않는 대추나무 가지에서 뒤늦게 새순이 돋아나듯 더디게, 그러나 분명하게 자랐다. 엄마도 아이와 함께 비틀거리며, 연방 흐느끼며 또 깔깔거리며 자랐다. 탈출구처럼 여겼던 직장생활은 끝내 접어야 했고 아이들을 키우는 일이 또다시 더욱 어렵고 버거운 과제로 다가왔지만, 그 고된 여정에서 나는 수없이 많은 샘들을 발견했다. 우리의 인생은 마치 그 알루미늄 풍선 같다. 풍선 묶은 줄을 쥐고 마음먹은 대로 걸어갈 수 있으리라 생각하던 순간, 풍선은 내 손을 빠져나가 바람을 타고 아득한 곳으로 날아간다. 알지 못해 두려워하던 곳, 더 크고 아름다운 세계로.

위기 탈출 넘버 원

아이에게 자폐 성향이 있다는 말을 들었지만 당장 일을 그만둘 수는 없었다. 친구들과 시작한 작은 사업이 막 진행되어 가는 참이었다. 나 대신 일을 맡아 줄 사람을 구할 수가 없어, 당분간은 시간을 잘 쪼개어 사용하는 수밖에 없었다. 한번은 수원에서 어떤 사람을 만나기로 했는데 약속 시간까지 연락도 없이 나오질 않았다. 지금이야 다들 휴대전화가 있으니 연락이 용이하지만, 20년 전에는 한번 연락이 끊어지면 상대를 만날 때까지 한없이 기다려야 했다. 어린이집에서 아이들을 데려올 시간은 다 되어 가는데 올 사람은 오지 않으니 초조함이 커져만 갔다. 수원에

  엄마는 오늘도 소금땅에 물 뿌리러 간다

서 일산까지, 대중교통으로 두 시간이 걸리는 거리다. 손오공처럼 근두운을 불러 타고 단숨에 날아갈 수도 없는지라, 하는 수 없이 같은 동네 사시는 시어머니께 전화를 드렸다.

"어머니, 저 어멈인데… 수원에 와 있어요. 원래는 지금쯤이면 집에 가고 있어야 할 시간인데, 약속한 분과 아직 만나지를 못했어요. 그분에게 꼭 전달할 물건이 있어 좀 늦을 것 같아요. 수고스러우시겠지만 아이들을 어린이집에서 데려와 주시겠어요? 제가 되도록 빨리 갈게요."

"그래라, 그럼."

어머니께선 그러마고 흔쾌히 대답하셔서 일단 한시름 놓을 수 있었는데, 정작 헐레벌떡 집에 돌아가 아버님께 크게 꾸지람을 들었다. 당장 일을 그만두라는 말씀이었다. 어찌된 연유인가 했더니 작은 사건이 있었던 모양이었다.

요섭이를 언덕 위에 있는 어린이집에서 데리고 나와 천천히 내려오는데, 어느 조그만 삼거리 앞에서 이이가 할머니 손을 확 뿌리치고 자기 혼자 뛰어 달아났다는 것이다. 할머니는 아이가 엄마와 함께 할머니 댁으로 가곤 하던 코스가 어딘지 아실 리 없었다. 늘 가던 길이 아니면 절대 가는 법이 없는 아이는 저 혼자 냉큼 뛰어가 시야에서 사라져 버렸다. 고작 30개월짜리, 말도 잘 못하는 어린애를 잃어버렸다는 생각에, 평소에도 심장이 약했던 어머니는 얼마나 놀랐는지 길에서 쓰러질 뻔했다고 하셨다. 부들부들 떨리는 걸음을 간신히 옮겨 동네방네 돌아다녔지만 아이는 보이지 않았다. 당황한 할머니에게 힘이 되어 준 건 다섯 살짜리 누나의 한마디였다.

"할머니, 섭이는 아마 할머니 댁에 벌써 가 있을 거예요. 개, 길 알아요. 얼른 집 앞에 가봐요, 우리."

설마 하면서 약 300미터가량 떨어져 있는 시댁 앞으로 가보았더니, 아들은 천연덕스런 얼굴을 하고 할머니와 누나를 기다리고 있었다. 자기 때문에 온 식구가 얼마나 놀라고 걱정했는지는 꿈에도 알지 못한 채 천진하게.

아이에게 발달장애가 있다는 진단이 내려지면, 큰 병원에서는 그 부모를 병원 내에서 실시되는 '자폐아 및 발달장애아 부모교실'에 보낸다. 발달이 크게 느린 아이들은 질병에 걸린 것이 아니므로 이 아이들을 '치료'한다는 말에는 어폐가 있다. 그보다는 '교육'을 받아 생활의 어려움을 개선해 나가는 것을 목표로 삼아야 한다. 아이들은 언어, 행동, 심리, 인지 등 여러 분야에서 전문가의 도움을 받아 발달을 촉진하는 교육을 받게 된다. 비록 그 교육에 '언어 치료'나 '심리 치료' 같은 이름이 붙어 있기는 하지만 말이다. 교육을 시키는 사람은 특수교육에 종사하는 전문가들이지만 일차적으로 이 아이들의 교육에서 가장 중요한 역할을 감당하는 사람은 아이와 20시간 이상 붙어 있는 보호자이므로(아빠나 조부모가 감당하는 경우도 간혹 있지만 대부분은 엄마들이다) 보호자 교육은 필수적이다.

아직도 발달장애와 자폐증이 무엇인지 충분한 지식이 없는 사람들이 많다. 나는 부모 된 입장이라서 열심히 알아 갈 수밖에 없었지만.

발달에 문제가 있는 경우는 크게 세 가지 유형이 있다. 첫째, 언어적 이해와 표현 능력 발달이 저하되는 언어성 발달장애가 있다. 둘째, 인지와 지능 발달 전반이 저하되는 정신지체(지능지체)가 있다. 셋째, 위의 두 가지와 더불어 심각한 사회성 발달의 지연을 동반하는 전반적 발달장애(자폐증)가 있다.

자폐증은 3세 이전부터 언어 표현과 이해, 양육자와의 애착, 놀이에 대한 관심이 저조해지는 양상을 보인다. 또 3세 이후에는 또래에 대한 관심 부족, 반복 행동, 놀이 행동의 위축, 인지 발달의 저하 등의 증상으로 드러난다. 자폐증을 진단하는 기준에는 다음과 같은 것들이 있다.

1. 눈맞춤이나 표정, 몸의 자세, 몸짓 등 비언어적 행동을 사용하는 데 현저한 결함이 나타난다.

아이가 돌바기일 무렵, 친구가 집에 놀러왔다. 눈맞춤을 하지 않는 아이를 보고 친구는 농담조로 "애 자폐야?"라고 말을 툭 던졌다. 말을 들을 당시에는 기분이 좀 나빴는데, 대수롭지 않게 지나쳤다. 미처 몰랐지만 아마 그때부터 조금씩 징후가 나타나고 있었다고 보아야 할 것이다.

2. 적절한 친구 관계를 맺지 못한다.

3. 자신이 흥미를 느끼거나 좋아하는 물건, 일 등을 자발적으로 타인과 공유하려 하지 않는다.

자폐 성향이 없는 아이들은 마당에 피어난 꽃이나 괴상하게 생긴 벌레를 보고 엄마를 부르러 뛰어오거나 손가락으로 그 사물을 가리켜 주의를 환기시키는데, 아들에게는 이런 행동이 없었다.

4. 놀이나 게임에 능동적으로 참여하지 않는다.

친구들과 함께 놀이에 참여할 필요를 느끼지 않기 때문이다. 자폐 아들은 혼자 하는 놀이에 고착되어 있다.

5. 언어 발달이 늦다.

적절한 단어나 어휘가 생각나지 않을 때 몸짓을 사용해 의사소통을 촉진하려는 시도를 하지 않는다. 말에 억양이 없어 기이하게 들린다. 질문을 할 때 문장 말미의 톤이 올라가는 등 억양의 일반적인 사용이 결여되어 있다.

6. 문장을 제대로 완성시키는 경우에도 그다음 대화를 이어가는 능력에 장애가 있다.

7. 특정 언어를 판에 박은 듯 반복적으로 사용한다.

텔레비전을 보다가 우연히 아이 귀에 "잠꼬대는 그만하지"란 말이 들렸다 치자. 그 말의 리듬이나 억양이 마음에 들었을 경우, 전후 문맥은 다 무시하고 그 "잠꼬대는 그만하지"란 말을 수십 수백 번 되풀이한다. 이는 그 말을 의사소통에 사용하는 것이 아니라, 말의 반복을 단순한 놀이로 여기고 있음을 보여 준다.

8. 발달단계에 적절한 상상놀이나 모방놀이를 하지 않는다.

아이들은 흉내를 내면서 사회에 대해 학습한다. 소꿉놀이를 하며, 병원놀이를 하며 사회적 역할에 대해 배워 나간다. 텔레비전에서 본 가수를 흉내내기도 하고 아이언맨 흉내를 내며 자신을 영웅과 동일시하기도 한다. 자폐아에게는 이런 모방이 극히 어렵다.

9. 일정한 방식이 유지되고 제한된 패턴으로 하나 이상의 흥밋거리에 사로잡혀 있다.

볼펜을 변기에 던져 넣고 물을 내리는 데 흥미를 보이는 아이가 있다고 치자. 이 아이는 아무리 꾸중을 듣고 행동 수정을 지시받아도 그 행동에서 좀처럼 벗어나지 못한다. 자폐아의 행동 중 많은 경우가, 양육자들이 도저히 이해하기 힘든 양상을 보인다.

10. 특정하고 비기능적인, 순서에 따른 행동이나 의례적 행동에 융통성 없이 집착한다.

아이의 기억 속에 속초 여행이 있을 경우, 첫 여행에서 고양 나들목을 빠져나가는 코스로 갔다고 하자. 이 코스가 마음에 들었다면 다음에도 반드시 그 길로 가야 한다. 운전자가 임의로 다른 길을 선택해 간다면 아이는 극심한 불안과 정서적 혼란을 겪는다.

11. 일정한 방식이 유지되는 반복적 운동을 한다.

손이나 손가락을 흔들고 비틀거나, 몸 전체를 복잡하게 움직인다. 일정한 소리를 내면서 계속 고개를 흔드는 아이도 있다.

12. 물건의 한 부분에 집요하게 사로잡혀 있다.

많은 아이들이 빙빙 도는 자동차 바퀴에 매혹되어 무작정 차로 뛰어들기도 하고, 선풍기 날개에 손을 갖다 댄다.

자폐의 원인에 대해서는 아직 뚜렷이 밝혀진 것이 없다. 1940년대 맨 처음 자폐 증세에 주목한 미국의 학자들은 아이들의 이러한 증상이 정신병적인 것으로, 영유아기의 애착 형성에 실패했기 때문이라고 생각했다. 이 아이들이 보이는 기묘한 행동과 사회

 엄마는 오늘도 소금땅에 물 뿌리러 간다

성 결여는 이른바 아이들을 차갑게 대하는 '냉장고 엄마' 때문인 것으로 여겨졌다. 비교적 최근까지 이 가설이 받아들여졌으나, 연구가 진전된 결과 감각통합을 관장하는 뇌의 능력에 문제가 있기 때문인 것으로 의견이 모아지고 있다. 자폐아에게서 정신 지체가 75퍼센트 이상 나타나고 경련성 질환도 많이 보이는 것으로 보아, 자폐 성향이 환경적 원인보다는 생물학적 원인에서 비롯된다고 보는 것이다.

현재 측두엽 이상과 관련된 신경 해부학적 원인론과 신경 전달 물질과 연관된 생화학적 원인론에 대한 연구가 진행 중이라 한다. 그러나 정확한 원인을 아직 알아내지 못했으니 자연히 증상 개선에 한계가 클 수밖에 없다. 현재로서는 겉으로 드러나는 증상을 개선하기 위한 교육을 중점으로 치료하고 있다. '고기능 자폐'라고 해서 일부 인지능력에 큰 문제가 없거나 기억이나 수학 문제 풀이 등에서 놀라운 재능을 보여 주는 사람들도 있지만, 대부분의 자폐는 정신지체를 수반하므로 사회성의 극심한 결핍과 더불어 사회생활에 큰 어려움을 겪는다.

부모교실에서 배운 많은 정보들은 대부분 의학적인 것들이어서 이해하기 어렵고 외우기도 힘들었다. 다만 한 가지, 이 아이들은 스트레스에 매우 취약하다는 사실만큼은 기억에 남았다. 감각 수용과 통합에 어려움을 겪으니 다른 아이들이 어렵지 않게 해내는 일들도 이 아이들에게는 예삿일이 아니다. 어린이집에서 할머니 댁으로 가는 길에 '큰 길로 가는 코스'와 '골목길로 가는 코스'가 있다고 치자. 늘 골목길 코스만 이용하던 아이는 적절한 교육을 받아 상태가 호전된 경우를 제외하고는 큰 길 코스를 상상하지도, 받아들이지도 못한다. 임기응변, 늘 변화하는 상황에 대한 유연한 대처는 사실 신경계라는 놀라운 시스템이 제대로 작동하는 사람들에게만 가능한 일이다. 그러고 보면 사람의 몸이란 얼마나 경이로운 소우주인지… 단 한 군데라도 제대로 작동하지 않으면 정상적인 생활을 영위할 수 없으니 말이다.

어떤 일을 해결하는 데는 한 가지 방법만 있는 게 아니다. 여러 가지 방법이 있을 수 있다. 상황에 따라 여러 방법을 적절하게 적용하는 것은 삶에서 필수적인 지혜다. 그러나 자폐인들은 그것을 능란하게 받아들일 수 없다. 자신이 사용하는 방법 말고 다른 방법을 받아들이기까지 극심한 스트레스를 받으며 큰 에너지와 대가를 지불해야 하기 때문에, 그렇게 말도 안 되는 고집을 부리고 부모와 주위 사람들의 진을 빼놓는 것이다. 자폐인은 일상생활의 여러 가지 부분을 마치 연기자가 연기를 배우듯 하나하나 배워 나가야만 한다고, 자폐인으로서 책을 펴낸 작가이자 동물학 교수인 템플 그랜딘은 말했다.

팔이 부러져 정형외과에 갔을 때도, 치과에서 치료를 받을 때도 대여섯 살 난 아들 하나를 의사와 간호사 네댓 명이 이기지 못

   엄마는 오늘도 소금땅에 물 뿌리러 간다

했다. 그만큼 스트레스와 공포의 힘은 강력했다. 미용실에 가서도 마찬가지였다. 놀라서 울고 악을 쓰고 발버둥치는 탓에 쫓겨난 것이 여러 번이었다.

"난 이 집 애기 머리 못 깎아, 다른 데 가보세요."

동네 미용실을 다 다녀 보고 다 쫓겨난 뒤에 마치 남자처럼 팔뚝이 완강하고 얼굴이 검고 무뚝뚝한 미용사가 있는 조그마한 미용실을 찾아냈다. 그이의 딸은 나와 이름이 같아 그 미용사는 유진이 엄마라고 불렸다. 머리를 깎으러 갈 때마다 가게가 떠나가라 울고 번번이 의자에서 뛰어내리는 아이를 붙들어 끝까지 참고 깎아 준 고마운 분이다. 나는 말수가 적은 편이라 그이와 말 섞은 적도 거의 없지만, 그 고마움을 잊을 수가 없다. 아이는 열 살 무렵에는 그토록 무서워하던 미용실을 차츰 울지 않고 찾게 되었다. 그 동네에서 10년을 살고 이사할 무렵, 나는 오렌지 주스를 사들고 열심히 일하고 있는 유진 엄마를 찾아갔다.

"이게 웬 주스래요?"

"그냥… 고마워서요. 우리 꼬맹이 머리를 깎아 준 사람은… 이 집 말고는 없었거든요."

주스를 건네며 목이 메어 겨우 그렇게 멋없이 한마디 덧붙인 게 작별 인사였다.

극장이며 음악회처럼 어두운 데 들어가지 않으려 버틴 날은 얼마나 많았으며, 수학여행이며 캠프를 보내려고 엄마 아빠는 얼마나 많은 애를 써야 했던가. 무엇 하나 수월하게 이루어진 건 단 하나도 없었다. 아이들에게 참으로 중요한 일상의 반복적 궤도. 그 작은 궤도를 따라 도는 동안에만 그들은 안정과 평안함을 느낀다. 그러나 그 궤도를 벗어나 보아야만, 그래서 스트레스를 겪고 다른 길에도 익숙해져 보아야만 더 넓은 세상을 경험하고 성장할 수 있다. 이제는 아이가 어른이 다 된 나이임에도 그 일은 쉽지 않다. 아니, 여전히 무척이나 어렵다.

내 아이에게는 아직도 많은 일이 걸음마다. 공포와 변화에 대한 저항심을 이겨내고 한 발짝 떼어야 그다음 모퉁이가 보인다. 계단을 어렵사리 한 단 올라서야 그 너머가 보인다. 결코 쉽지 않은 일인 줄은 알지만, 용기를 내보자, 아들. 너를 응원하고 지지하는 사람들이 네 곁을 둘러싸고 있으니.

 엄마는 오늘도 소금땅에 물 뿌리러 간다

조기교실 이야기

'내 아이도 다른 사람과
어울려 살 수 있겠구나.
애를 먹기는 하겠지만
아이가 깃들 자리가 있겠구나.'

아기가 세상에 태어나 뒤집기를 하고 목을 가누고 배밀이를 하고 걸음마를 하는 것은 지극히 정상적인 발달 과정이다. 태어날 때부터 완성되어 있다는 후각과 청각, 촉각과 달리 시각은 천천히 발달하고, 미각은 수유 후에 이유를 하면서 차츰 여러 가지 맛을 알아가며 점점 발달한다. 엄마 배 속에서 나왔을 때는 우는 게 고작이었다가 차츰 목구멍과 입술과 혀를 사용하여 소리를 내면서 옹알이를 하고 놀다가, 수백 수천 번 들은 말을 흉내 내어 단어를 구사하기 시작한다. 흔히 알려져 있듯이 아이가 맨 처음 하는 말은 입술소리인 "엄마" 또는 "아빠"다.

"음…. 마. 음마."

"어! 방금 들었어요? 울 애기가 방금 엄마라고 했어요!"

"난 못 들었는데…. 아가야, 다시 한 번 말해 봐."

"…음마."

"들었죠, 들었죠? 엄마라잖아! 우와~ 빨리 엄마한테 전화해서 알려야지!"

'엄마' 또는 '아빠' 비슷한 발음을 들은 부모가 기뻐 어쩔 줄을 모르며 박수를 쳐대면, 아기는 그 웃는 모습에 격려를 받고 더욱 적극적으로 의사소통에 참여하게 된다.

아이가 자신의 발달 과제들을 제때 해내는가는 매우 중요하다. 예를 들어 아이가 만 1년이 훨씬 지났는데도 서지 못한다면, 운동 기능에 문제가 있는 것은 아닌지 의심해 보아야 한다. 돌이 지났는데도 한 마디 말을 못한다면, 청각이나 지능에 이상이 있는지 살펴보아야 한다. 곤지곤지, 죄암죄암, 도리도리 등 엄마 몸짓을 흉내내지 않는다면, 신경계와 감각수용에 장애가 있어 모방이 어려운 것일지 모른다. 손가락으로 자기가 원하는 물건을 가리키지 못하는 아이도 마찬가지다. 해가 비치고 비가 왔을 때 식물의 꽃대가 올라오고 꽃잎이 피어나는 것은 자연스러운 일이다. 알맞은 영양과 자극이 주어졌는데도 아기가 개월 수에 맞는 반응이나 성장을 보이지 않는 것은 자연스럽지 않은 현상이며, 이를 발달 지연이라 부른다. 발달이 또래 아이들보다 많이 늦는 아이는 나중에 학교나 사회에서 많은 어려움을 겪게 되므로, 되도록 일찍 그 사실을 파악하여 적절한 도움을 주고 교육을 하면 어려움들을 개선시킬 수 있다. 막연히 '좀 늦는 거겠지…' 생각하며 방치할 경우 나중에 큰 고생을 하게 되므로, 세심한 관찰 후 발달 검사를 받아 보고 전문가의 도움을 받는 것이 좋다.

날이 갈수록 특수교육에 대한 수요가 늘어나고 보호자들의 끈질긴 요구가 받아들여져 많은 아동발달센터와 복지관들이 문을 열었다. 그러나 1990년대 초만 해도 조기 특수교실 등 발달장애아들을 위한 치료기관들이 많지 않았다. 유치원에서의 특수교육은 유치원 교육이 의무교육이 되면서 당연한 것이 되었지만, 1990년대에는 장애아들을 받아 주는 유치원이 드물었다. 장애아의 엄마들은 이 어린이집에서 저 어린이집으로, 이 유치원에서 저 유치원으로 떠돌아다녔다. 차별 없이, 흔쾌한 마음으로 내 아이를 받아 주는 곳은 어디일까 마음 졸이는 것은 일상다반사였다. 아이의 치료와 교육만으로도 마음이 어렵기 그지없는데, 찾아가는 교육기관마다 내 아이를 환영할지 조마조마해하며 살피는 건 커다란 스트레스를 엄마들에게 안겼다. 아주 어릴 적부터 내 아이가 여기저기서 환영받지 못하는 경험을 하는 것은 얼마나 가혹한 체험인지.

조기 특수교실은 인지, 심리, 언어, 음악, 미술, 운동, 놀이 치료 등 다양한 치료 프로그램을 통해 발달장애아들을 돕는 곳이다.

지금도 각 아동발달센터나 복지관은 정부나 기업, 교회 등의 지원을 받기 때문에 부모들이 감당하는 비용이 조금 저렴하다. 그러나 그만큼 대기자가 많기 때문에, 들어가는 게 여간 힘들지 않고 시간이 오래 걸린다. 사설 조기교실은 비용이 다소 비싸고 어떤 교실의 경우 교사의 실력이 공적으로 검증되지 않은 경우도 있어 꺼려지기도 하지만 많은 사람들이 이용하는 기관인데, 부모가 교사들을 불신하면 역시나 한 곳에 정착하지 못하고 떠돌이 신세가 되고는 하였다. 선생님들이 잘 가르치고 아이들을 친절하게 대한다고 소문난 곳은 그래도 엄마들이 알음알음으로 많이들 찾아오는 편이다. 각 아이의 특징을 파악하고 가르쳐서 조금이라도 교육의 효과를 볼 때까지 오랜 시간이 걸리기 때문에 교육자에 대한 신뢰는 필수다.

나는 퍽 운이 좋았다. 요섭이를 맡아 준 선생님들은 노련하면서도 정이 많은 분들이었다. 어디서부터 어디까지 손을 대야 할지 가늠조차 할 수 없던 나에게 선생님들은 '희망'을 선물해 주었다. 아이를 교실에 보낸 뒤 1년이 되던 해, 아이들은 한 특수학교 강당에서 발표회를 열었다. 힘을 합쳐 〈원숭이와 모자 장수〉라는 극을 공연했는데, 요섭이는 내레이션을 맡았다. 무대 위에서 다른 아이들이 연기를 하고 있는 중간중간 원장선생님의 도움을 받아 더듬더듬 지문을 읽어 나가는 모습에 눈시울이 붉어졌다. 곁에 있던 엄마들이 한마디씩 건넸다.

"요섭이 말 못한다고 걱정하더니, 저 정도면 나중에 걱정 없겠다."

"그러게 말이에요. 세상에나, 벌써 글도 읽을 줄 아니 얼마나 좋아."

아이가 글을 이미 읽을 줄 안다는 건 알고 있었다. 아이는 강박적으로 보던 비디오를 통해 누가 가르치지 않았는데도 네 살 때 이미 혼자 글을 깨쳤다. 어느 날 아이는 건넌방에 있는 책장 위쪽을 쳐다보며 "개미, 개미" 하며 혼잣말을 했다. 아이의 시선을 따라가 보았더니 그곳에는 베르나르 베르베르의 소설 《개미》가 꽂혀 있었다. 등골을 타고 서늘한 게 흘러갔다. '저 애가 혹시 글자를 읽는 건가?' 혹시나 싶어 그 책을 빼들고 물어보았다.

"여기 뭐라고 쓰여 있어? 이 글자 뭔지 알아?"

"개미."

'맙소사. 글을 가르친 적이 없는데.'

하지만 유난히 글을 빨리 배웠다는 사실에도 그다지 기쁘지는 않았다. 사람과의 접촉을 통해 배운 게 아니라 화면을 통해 배운 것이고, 또 글이나 말을 갖고 놀 뿐 의사소통에는 사용하는 법이 없었기 때문이다. 다른 사람과 말을 하지도 않는데 글을 읽는 게 무슨 도움이 될까 싶었다.

그러나 그날 내 아이가 다른 아이들과 함께 어떤 성과를 이루어 냈다는 게 중요했다. '내 아이도 다른 사람과 어울려 살 수 있겠구나. 애를 먹기는 하겠지만 아이가 깃들 자리가 있겠구나.'

극이 끝나고 원장선생님께 감격 어린 목소리로 말했다.

"요섭이도 한몫 했네요. 제법이던데요."

원장선생님은 평소 스타일대로 명랑하고 호탕하게 대꾸하셨다.

"그럼요, 얼마나 잘하는데요. 앞으로는 더 잘할 거구요."

조기교실에서는 인지나 심리, 놀이 치료 외에도 다양한 활동들이 진행되었다. 선생님들은 아이들을 박물관, 공원, 수목원, 방송국, 바닷가 등 많은 곳에 데리고 다녔다. 아이들이 뭔가 대단한 것을 보고 돌아온다기보다 그 장소까지 갔다가 돌아오는 일 자체가 큰 교육이다. 푸른 신호에 맞춰 길을 건너기, 줄 서서 버스 타기, 버스에서 단정하고 조용히 앉아 있기, 내려서 선생님 지시에 따라 움직이기, 화장실 바르게 이용하기, 박물관 안에서 뛰지 않기 등등. 1년에 한 번 정도 캠프를 열어 자원봉사자들과 함께 지내 보기도 했다. 원장선생님의 시골집에 가서 함께 파티를 열기도 했다. 교재 등을 마련해 보려고 함께 노래나 연주를 준비해 후원행사를 치르기도 했다.

'선생님 댁에 놀러가 1박 하기' 프로그램이 있던 날이다. 집을 떠나면 죽는 줄 알고 있던 아이에게는 로빈슨 크루소가 겪은 것만큼이나 큰 모험이었다. 우여곡절 끝에 아이를 신혼집으로 데려간 최 선생님은 하얀 얼굴에 갈색머리, 거기다 성품이 다정한 분이었다. 저녁식사가 끝난 뒤 집에 돌아온 선생님의 남편은 아이와 어떻게 놀아 줄까 궁리하다가 이렇게 말을 걸었다.

"요섭아, 너 한자 비디오에 나오는 한자 다 외운다며? 이 아저씨도 한자 잘 알아. 우리, 누가 누가 더 많이 아나 대결해 볼래?"

중문과를 졸업한 분이라 천자문 배틀을 하면 되겠다 싶었던 모양이다. 그리하여 두 사람이 아는 한자 대기 시합을 벌였다.

"붉을 홍."

"푸를 청."

"고요할 정."

"움직일 동."

"아들 자."

"아비 부."

"내 천."

"뫼 산."

시합은 끝도 없이 이어졌다. 한참 동안 구경하다가 잠시 다른 방으로 들어가 일을 하고 나온 최 선생님의 눈앞에 재미있는 광경이 펼쳐져 있었다. 한자를 대다 대다 지쳐 한 남자는 냉장고에 기대어, 한 남자는 식탁에 엎드려 곯아떨어져 있더란 것. 아침에 일어나 승부가 어떻게 되었느냐고 물었더니 선생님 남편은 "내가 졌다"며 솔직하게 패배를 인정했다 한다.

돛대도 아니 달고

아이의 초등학교 입학. 공교육으로 들어가는 문턱 앞에서, 생전 처음 아이를 학교에 보내는 엄마들은 누구나 두려움과 초조함을 경험한다. 내 아이가 학교에 잘 적응할까. 아이를 이해하고 배려하며 잠재력을 끌어내 주는 선생님들을 만나게 될까. 학업이 뒤처지는 것은 아닐까. 유치원이나 어린이집에 보낼 때는 '교육'보다는 '보육'의 개념이 상대적으로 큰지라 마음의 부담이 덜한 편이다. 그러나 초등학교란 수많은 아이들과 어울려 한 교실 안에서 규칙을 지키며 공동생활을 시작하는 곳이요 본격적으로 공부가 시작되는 곳이니, 엄마들은 취학 전 몇 달 전부터 크고 작은 긴장감에 사로잡히게 마련이다. 하물며 발달장애아를 키우는 엄마들 마음이야 오죽하랴. 돛도 모터도 달리지 않은 쪽배를 타고 거대한 바다를 건너야 하는 사람의 심정에 비할까.

아들의 생일은 12월 말, 또래 아이들보다 어린 편이며 여덟 살이 되도록 말이 트이지 않았기에 1년을 유예시켰다. 의사소통이 어려운 아이, 규칙 수행을 이해하지 못하고 단체생활에는 일정한 룰이 있음을 이해하지 못하던 아이를 제 나이에 학교에 집어넣을 수는 없는 노릇이었기에. 그러나 아이의 상태가 1년 동안 급속히 발전하여 다른 아이들과 비슷한 정도까지 이를 수 있을까. 그 역시 전혀 확신이 없었고 전망도 밝지 않았다. 그러면 아이를 특수학교에 넣었어야 할까. 특수학교 초등반에는 주로 중증장애아들이 들어온다. 일상사조차 수행하기 힘든 아이들이다. 1학년에 들어와서도 대소변 가리기, 혼자서 세수하기와 옷 입기, 잇솔질부터 가르쳐야 하는 아이들이 많다. 단춧구멍에 단추 끼우기와 빼기, 지퍼 올리기와 내리기가 안 되는 아이들도 많다.

비록 여러 가지 면에서 부족한 점이 많지만 읽고 쓰기가 가능하고 일정 시간 착석이 가능했던 아들. 다른 아이들과 함께 엉성하고 서투르나마 보조를 맞추어 유치원 재롱잔치에서 춤도 추고 발표도 해냈던 아이니, 제일 합리적인 선택은 특수학급이 있는 일반 초등학교에 가는 것이었다. 아이를 도와줄 수 있는 특수교육 전담교사가 상주하면서 장애가 없는 아이들과 통합 교육을 할 수 있는 곳.

그런데 집에서 가까운 J초등학교에는 특수반이 없었다. 그때 알아본 바에 의하면(아마 동사무소에 문의했던 것 같다), 특수반이 없는 학교에 특수반을 설치하기 위해서는 다음과 같은 절차를 밟아야 한다고 들었다. 나와 같은 처지의, 특수교육을 받을 대상자의 부모들이 일정 수 이상(오래 전이라 잘 기억나지 않지만 다섯 명이 넘어야 하는 것 같다) 모여 교육청에 신청을 하라는 것이다. 심사를 거쳐 인가가 나면 그 학교에 특수반을 둘 수 있다는 것이었다. 당장 몇 달 뒤에 학교는 가야 하는데 나와 같은 처지의 그 사람들을 어디서 모으며, 모은다 한들 특수학급은 설치될 가망이나 있단 말인가. 참으로 암담하기 그지없는 심정이었다.

요즘 나는 전장에 나가는 사람의 비장한 심정을 느끼고 있어요. 요섭이가 학교에 가야 하니 여기저기 이런저런 정보를 수집하고 문어처럼 발을 뻗어 촉수를 날카롭게 세우고 두리번두리번…. 몇 년 전 그애에게 내려졌던 아픈 선고를 들었던 이래 언제나 근심했던 날이 이젠 코앞에 다가와 날 압도하고 있어요…. (중략) 난 뭐랄까, 거대한 비애와 마주선 외로운 용사 같은 맘이에요. 두렵고 슬프고 혼란스럽고, 아프도록 고독하고.

아이가 학교에 들어가기 몇 달 전 남편에게 쓴 편지 일부분이

     엄마는 오늘도 소금땅에 물 뿌리러 간다

다. '아이의 초등학교 입학'이라는 과제는 마치 대항할 무기도 없이 사자에게 쫓기는 듯한 절박함으로 다가왔고, 그 결과 하루 걸러 한 번씩은 근심에 싸여 울 수밖에 없던 나날이 계속되었다. 외로웠다. 나를 도와줄 사람은 어디에 있을까. 미래를 예측할 수 없어서 혼란스럽고 두려웠다. 적합한 학교를 찾을 수 있을까. 어찌 되었든 학교는 찾고야 말겠지만, 친구들과 선생님들은 내 아이를 환영해 줄까. 천덕꾸러기가 되는 건 아닐까. 똑똑하고 말 잘 듣고 학업 성취도가 높은 아이들 가운데서, 내 아이는 소외당하고 배제되는 것 아닐까.

집에서 도보로 30분 거리에 있는 S초등학교에는 특수반이 있었다. 그곳이 그나마 가장 가까운 학교였다. 상담을 하러 방문했을 때, 다행히도 특수반 선생님들은 참으로 친절하게 대해 주었다. 가슴 위에 얹혀 있던 큰 돌덩이 하나가 떨어져 나가는 기분…. 집에서 좀 떨어져 있으니 아이 혼자서 등교하는 건 무리겠지만, 선택의 여지가 없었다. 설상가상, 그 겨울, 막 셋째를 가졌다는 사실을 알았다. 큰 아이는 집 근처 초등학교에 보내고 둘째는 다른 학교에, 게다가 셋째까지…. 막막했지만 도리가 없었다.

'아기는 업고 다니는 수밖에.'

참으로 고생스럽고 기나긴 아이의 학창 시절의 시작이었다.

이름을 불러 주세요

뮤지컬 〈레 미제라블〉에 이런 장면이 있다(그걸 바탕으로 만든 영화에도). 장 발장이 여태까지 코제트를 맡아 키워 온 테나르디에 부부에게 코제트를 데려가겠노라고 말한다. 죽어가는 코제트의 엄마 팡틴에게 코제트를 맡아 잘 키우겠노라 약속한 말을 지키기 위해서다. 비열한 테나르디에가 돈을 더 받아 낼 욕심에 "이 애는 우리의 보배, 진주보다 값지고 루비보다 귀한 콜레트"라고 너스레를 떠니 마담 테나르디에가 황급히 남편 귀에 대고 "코제트" 하고 귀띔을 해준다. 그걸 보자마자 10년도 더 된 기억이 갑자기 수면 위로 가쁜 숨을 터뜨리며 솟구쳐 올라왔다.

 엄마는 오늘도 소금땅에 물 뿌리러 간다

특수학교에 보내자니 글을 읽고 셈을 할 줄 아는 등 다른 특수
교육 대상자들보다 장애가 가볍고, 일반 학교 일반 클래스에 넣
자니 제대로 말을 못하고(이 무슨 이상한 경우란 말이냐!), 그리하여
하는 수 없이 가게 된 S초등학교. 별다른 절차 없이 입학식날 와
서 사정을 설명하고 입학을 하면 된다는 말에 아이 손을 끌고 입
학식날 아침 일찍 학교를 찾았다. 교무실에는 정년 퇴임을 할 때
가 되었다 싶은 나이 든 여교사 한 명이 방문객을 받고 있었다. 꽃
자주색 니트 투피스를 입고 사자 갈기 같은 헤어스타일을 한 여
교사는 의아한 눈초리로 나를 바라보았다.

"이 동네분이 아니신데 무슨 일이시죠?"

가슴이 심하게 떨렸다. 죄지은 것도 아닌데 자초지종을 설명할
때마다 왜 이렇게 굴욕적인 기분을 느껴야 할까.

"저어, 아이에게 발달장애가 있어요. 그런데 저희 동네 학교에
는 도움반이 없어서…."

내가 여차저차 해서 이 학교에 오게 되었다고 설명을 하니, 여
교사는 노골적으로 싫은 표정을 지었다. 그게 아이가 학교에서
받은 첫 대우였다. 나중에 알고 보니 그 사람은 다름 아닌 그 학교
의 교장이었다….

아들을 맡은 담임선생님은 나이가 지긋한, 무척 아름다운 외
모의 선생님이었다. 저렇게 나이 든 분이 저렇게 예쁘기 힘든데,
그런 생각이 들 정도였다. 입학하던 날, 나는 방과후에 꽃을 들고

찾아온 아이들을 보고 마음을 놓았다. 아이들은 작년에 선생님이 사랑해 주시고 극진하게 돌봐 주셔서 감사하다는 인사를 하려고 찾아왔다고 했다. 저렇게 아이들을 사랑해 주시는 분이니 한시름 덜었구나.

뒤늦게 셋째를 임신한 나는 몸이 무겁고 잔뜩 부어 있어 다른 특수반 엄마들처럼 학교에 늘 붙어 있을 수가 없었다. 여름방학 때 출산을 한 뒤로는 갓난아이를 두고 이른 아침에 아들을 등교시키기가 어려워, 근처에 사시는 시부모님이 자전거로 혹은 도보로 데려다 주셨고 하교할 때는 갓난이를 업고 내가 가서 데려오기도 했다. 자폐 스펙트럼 안에 있는 아이는 학교생활에 규율, 규칙이 있다는 것을 이해하지 못했고, 말도 없이 학교를 나간다든가 없어져 버리곤 해서 가슴이 철렁 내려앉은 적도 여러 번이었다.

"저, 도움반인데요, 요섭이가 또 없어졌어요. 학교에 와서 한번 찾아보시겠어요? 일단 찾아보기는 했는데 안 보이네요."

불시에 걸려오는 전화에 겨우 세수만 하고 뛰어가 학교 근처에서 마음 졸이며 헤매던 날들. 아이를 잃어버렸나 싶어 숨 막히던 공포와 선생님에 대한 미안함, 그리고 찾았을 때의 안도감이 뒤섞여 터져 나오는 눈물은 일상이었다. 그리고 그것은 못마땅해하는 담임선생님의 눈치를 살피며 벼랑에 매달린 사람처럼 아슬아슬한 심정으로 살아가던 날들이기도 했다.

 엄마는 오늘도 소금땅에 물 뿌리러 간다

학기말이 되어 인사를 하러 갔을 때, 선생님은 당신이 고생 많이 했다는 기색을 숨기지 않았고 나 역시 부실한 자식을 맡겨 놓고 제대로 들여다보지 못했다는 죄송한 마음에 고개를 들지 못했다. 선생님은 말씀하셨다.

"그래서 요한이는 말이지요…."

"선생님, 제 아이는 요섭이인데요."

"아, 죄송해요. (뭐라고 한참 말씀하신 뒤) 요한이는…."

"…."

제멋대로 선생님께 너무 큰 기대를 한 건지 모르겠다. 하지만 당신의 학생이라면, 특히나 그 아이가 특별한 관심을 요하는 학생이라면, 이름 정도는 제대로 불러 주어야 한다고 생각한다. 테나르디에가 코제트를 6년도 넘게 맡아 기르면서 이름도 모르고 있었다는 건, 그 아이를 방치하고 있었다는 가장 신랄한 증거다. 우리는 서로 이름을 부르며 관계를 지어 가니 말이다. 그 아름다운 선생님이 우리 아이 다음으로 맡은 도움반 아이, 그 엄마는 냉대를 견디지 못해 아이를 다른 학교로 전학시켰다고 한다. 셋째 평계로 학교에 못 가서 그걸 못 본 게 잘된 일인지 모르겠다. 아이에게 한없이 미안하다.

피켓을 들어라

아들이 아직 저학년이었을 때 있었던 일이다. 한번은 교장선생님이 도움반 엄마들을 만나 할 말이 있다고 해서, 엄마들이 모두 한자리에 모였다. 보통 특수학급은 학기초나 학기말에 한 번씩 부모들이 참여하는 모임을 가진다. 학기초 모임에서는 도움반이 나아갈 방향과 교수 목표에 대해 안내하고 부모들의 도움을 구하며 아이들을 위해 함께 수고하게 될 교사와 직원들을 소개하고 인사하는 시간을 갖는다. 학기말에는 말 그대로 결산하는 모임이다. 아이들이 1년 동안 자라온 모습을 돌아보고 서로 고맙다는 인사와 격려를 나눈다. 형식적인 부분이 없는 건 아니지만, 그래도 가정과 학교의 유기적인 연결이 더욱 필요한 장애학생 부모들에게는 필수적인 자리다.

그런데 그날은 학기초도 기말도 아니고 임시 소집이었다. 무슨 긴급한 일이기에 교장선생님이 직접 보자고 한 걸까. 교장선생님이 하고 싶다는 말은 이것이었다.

"우리 학교가 속한 학군에 인구가 크게 늘어나고 있어서, 전학생도 많아지고 있습니다. 각 학급의 정원을 더는 늘릴 수 없는 상태예요. 아무리 생각해도 새로운 교실을 찾을 수가 없군요. 현재 도움반 교실이 두 개니, 엄마들이 고통 분담 차원에서 하나를 양보해 주셨으면 해요."

엄마들은 서로 얼굴을 마주보았다. 특수학급 아이들은 주로 발달장애아들이다. 장애의 특성상, 특수교육의 특성상 일곱 명을 넘어가면 분반을 하게 되어 있어, 열세 명의 아이를 가르치려면 교실 두 개가 반드시 필요하다. 그런데 지금 그중 하나를 내어달라 말하고 있는 것이다. 특수교육에 적당한 공간 확보는 필수 사항이다. 안 그래도 배움에 어려움을 겪고 있는 아이들이다. 환경이 악화된다는 말에 "우리는 괜찮아요, 우리 교실을 사용하세요" 하며 선뜻 양보할 엄마가 어디 있겠는가.

엄마들의 난처해하는 얼굴을 보고 교장선생님은 짜증스러운 얼굴로 말했다.

"여러분 자식이 소중하면 남의 자식도 소중한 줄 알아야지요.

학교 입장도 생각해 주셔야 하지 않겠어요? 저는 책임자의 입장으로서 도움반 아이들에게만 특혜를 줄 수 없어요."

한 엄마가 말을 꺼냈다.

"우리 아이들이 모두 함께 한 반에서 생활하는 건 좀… 수업이 제대로 진행될지 걱정이네요."

교장선생님은 더욱 격앙된 어조로 말했다.

"여기 엄마들은 왜 그렇게 자기 생각만 해요? 그럼 저기 학교 앞 사거리에 나가 피켓 들고 시위라도 해보세요. '이 학교엔 더 이상 자리 없다. 우리도 교실이 모자라니 이사 오지 마라.' 이렇게 말씀들 해보시라구요."

학교 행정을 책임지는 사람으로서 고충이 크다는 것을 그 자리에 있던 엄마들이 왜 모르겠는가. 그러나 몇 명 되지 않는 아이들이라 해서 많은 아이들에 비해 그 중요함이 덜한 것은 아니다. 아이들로서는 공부할 교실이 없어지는 큰일인 것이다. 교사校舍를 신축할 계획이 없던 것도 아니었다. 새 교실을 지을 때까지 몇 달만, 특수한 목적으로 드물게 쓰이는 방을 하나 빼서라도 대안을 마련해 볼 터이니 불편을 참아 주십사 사정하고 양해를 구해도 모자랄 판국에 그리 고압적이고 일방적으로 굴다니.

어떤 조직 어떤 모임에서든 당사자들의 이해관계가 충돌하는 일은 다반사다. 사회적 약자들의 모임이라 해서 늘 일방적으로 편들어 주어야 한다는 말을 하고 싶은 건 아니다. 약자와 소수자,

 엄마는 오늘도 소금땅에 물 뿌리러 간다

장애인들 단체는 조금은 감정적인 앙진 상태에 머물러 있는데다 자기연민을 떨치기 힘든 경우도 많아서 사실 이기주의적인 경향이 없지 않다. '이렇듯 어려움을 겪고 있는데 형편 좋은 사람들이 좀 양보해 주면 뭐가 어때서…' 이런 식으로 늘 생각하게 되는 것이다. 여기서는 다만 교장선생님의 태도와 말투가 말의 내용 못지않게 유감스러웠다는 말을 하고 싶다.

나는 그날 우리 사회 곳곳에 스며들어 있는 권위적인 의사소통 구조를 학교에서 보았다. 경멸 섞인 말과 무시하는 태도, 교육자에게서 가장 보고 싶지 않은 것들을 보고 말았던 것이다.

살다 보면 의문이 생긴다. 심신이 온전하지 못하거나 궁핍하거나 사회적 지위가 낮은 사람들을 깔보고 경멸하는 마음은 어디서 비롯되는 것일까. 강하고 아름다운 것을 숭상함이 자연스러운 일인가, 아니면 연약하고 보잘것없는 것을 안쓰럽게 생각하고 끌어안음이 자연스러운가. 둘 다 내 안에 있는 본성인 것 같다. 그러니 둘 다 자연스러운 일이겠다. 강하고 아름다운 것을 바라지 않으면 발전할 수 없을 것이요, 성숙하고자 하는 열망도 갖지 못하리라. '완전함'으로 달려가려는 열망 없이 인간에게 진보가 있겠는가. 또한, 연약하고 보잘것없는 나 자신과 우리를 끌어안지 않는다면 이 사회가 과연 유지될 수 있겠는가. 사랑과 측은지심이 없으면 이미 지옥으로 한 발 들여놓은 듯한 이 세계에서 버틸 수 있겠는가. 살 희망을 가질 수 있겠는가. 어느 한 쪽을 배제하고 인간 사회가 존속할 수 있겠는가.

그런데 강하고 아름다운 것을 숭상하는 마음에는 언제나 약하고 보잘것없는 것들을 배제하고 제거하려는 마음이 끼어든다. 내 인생, 내 사람들, 내 조직에서 약하고 상한 부분을 도려내어 버린다면 완전해질 수 있다고 믿는 것일까. 마치 장바구니에 잘생기고 예쁜 과일만 골라 넣고 멍든 것들은 끄집어내어 버리듯 그렇게 편리하게 살 수 있다고 믿는 사람이 많은 것 같다. 왜 사람들은 장애를, 가난을, 질병을 경멸하고 두려워하는가. 그것들이 내 마음에 거슬리고 불편하기 때문이다. 인간의 한계를, 연약함을 보고 싶지 않기 때문이다. 나 자신의 유한함을 부인하고 싶기 때문이다. 그러나 인생의 아픔과 슬픔, 이 사회의 연약함을 고개 저어 부인한다고 해서 그것들과 결별할 수 있는 것은 아니다.

그것들은 우리의 일부다. 내 아이 내 이웃의 연약함을 부인하고 경멸함은 사실 나 자신을 부인하고 경멸함일지 모른다. 그것은 완전함으로 나아감이 아니고 인생을 부정하는 일이다. '힘과 미를 숭상함'은 사랑과 자비 속 부분집합으로만 존재하지 않으면 오히려 다른 이들을 짓누르거나 소외시키게 마련이다. 세상 많은 민족들의 신화가 전쟁으로 이어진 이유는 어디에 있는가. 네거리에 나가서 이런 피켓을 들 용의는 있다. "사랑하세요, 모든 연약한 것들을."

 엄마는 오늘도 소금땅에 물 뿌리러 간다

‘모든 죽어가는 것을 사랑하는 일’이 오히려 강함이요 아름다
움이 아닐까.

7번 방의 선물

설 명절이 끝나는 날 오전 8시 53분, 일산2동 사무소 앞에서 교통사고 목격. 삼거리에서 신호를 기다리는 버스 뒤에 서 있는데 중년 여성이 무단 횡단으로 길을 건너다 그이를 미처 보지 못하고 삼거리 쪽으로 나아가려 한 택시에 들이받혔다. 불과 2미터도 떨어져 있지 않은 곳에서 그 광경을 본지라 저절로 비명이 터졌다. 정면충돌이나 추돌이 아니라서 여인은 금세 일어났으나, 충격이 만만치 않아 보였다. 택시기사가 차에서 뛰쳐나와 여인에게 달려가 팔을 붙들고 괜찮으시냐고 물었다. 나도 추이를 지켜보고 싶었으나 길이 너무 좁아 머물러 있을 수가 없었다. 하는 수 없이

차 번호만 기억해 놓고 삼거리로 나와 남편과 함께 놀란 가슴을 쓸어내렸다. 크게 다치신 건 아니어야 할 텐데.

친정 부모님과 함께 조조로 〈7번 방의 선물〉을 보러 가던 날이었다. 죄 없는 사람이 누명을 쓰고 죽는 영화, 가슴 아파서 싫다. 그런데 그 무고한 사람이 지적장애인이라니, 나로서는 엎친 데 덮친 격이다. 영화 정보를 미리 알았다면 겁나서 보러 갈 엄두도 못 내었을 것을. 때때로 낯선 골목에서 튀어나와 들이받는 슬픔의 습격에 늘 손수건도 없이 무방비였는데, 그날은 다행히도 주머니에 손수건이 있었다.

집으로 돌아오는 길에 남편이 묻는다.

"요섭이 생각나서 울었지?"

"응…."

"나도 울고 싶었는데 꾹 참았어. 나 잘했지?"

"…."

마치 내가 아까 그 차에 받힌 양, 집에 와서도 한참을 일어나지 못하고 드러누웠다. 영문을 모르는 막내가 말을 건넸다.

"엄마, 〈레 미제라블〉 보고도 안 울더니 웬 일이세요? 영화가 엄청 슬펐나 봐."

"응, 무지 슬펐어."

그렇게 대꾸하고 천장을 보았다.

자기 자신을 변호할 능력도 없는 사회적 약자가 강자의 분노의

희생양이 되어 억울하게 스러진다. 아무도 그를 구할 수 없어 속 상했고, 나중에 무죄가 밝혀졌어도 '그럼 뭐해, 그이는 죽은걸', 심화가 치밀어 속으로 울먹거렸다. 무엇보다 예승 아빠(류승룡 분) 가 하는 짓이 아들아이와 너무 닮아서 눈물이 그치지 않았다. 아, 이래서 내가 '이야기'를 무서워하는 거라구. 오늘은 된통 당했 네….

초등학교 6학년 때 아들은 '소유'라는 개념을 알았다. '돈'이란 건 갖고 있으면 초콜릿도 사먹을 수 있고 과자도 살 수 있으니 편 리하고 좋다. 그러나 내 것이 있으면 '네 것'도 있다는 사실을 파 악하지는 못한 아들은 자꾸 내 지갑에 손을 댔고 서랍 속 봉투에 서 돈을 꺼내다 썼다. 야단도 치고 벌도 주었지만 아이는 알아듣 지 못했다. 돈은 그저 돈일 뿐, 어떤 윤리적 개념도 머릿속에 떠오 르지 않는 모양이었다. 소유 개념을 깨닫지 못한 아들 때문에 한 동안 식구들은 골머리를 앓아야 했다.

어느 날 학교에서 선생님이 전화를 하셨다.

"어머니, 안녕하세요? 도움반 담임입니다."

"예, 안녕하세요?"

학교에서 전화가 오면 덜컹, 가슴부터 내려앉았다.

"요섭이가 컴퓨터실에서 다른 아이의 장갑을 주웠는데, 자기 거라고 우기면서 영 돌려줄 생각을 안 하네요. 어머니께서도 알

 엄마는 오늘도 소금땅에 물 뿌리러 간다

고 계셔야 할 것 같아서… 집에서도 잘 가르치고 타일러 보세요.”

도대체 이런 일이 몇 번째인가. 그날은 생각다 못해 매를 들었다. 다른 사람의 의중을 파악하지 못하는 아이는 ‘엄마가 폭력을 휘두른다’고 소리를 지르며 온몸으로 저항했다. 힘이 센 아이를 몸으로 누르고 발바닥을 자로 스무 대 넘게 때렸다. 녀석이 아픔을 기억하기를 바랐다. 그 매는 말하자면 예방 접종이었다. 아이가 다른 사람 물건에 손을 대곤 했을 때 나중에 겪게 될 일들이 이렇게 아프다는 것을 가르쳐 줄 셈이었다. 머리로는 이해하지 못해도, 다른 이들과 어울려 사는 동안 최소한의 룰을 지키지 않았을 경우 이런 아픔이 찾아온다는 사실을 몸으로 기억한다면, 최소한 사람들 눈 밖에는 나지 않겠지.

판단 능력이 부족한 아이니 나중에 학급이나 사회에서 무심코 그런 일을 할 경우 매장당하게 되는 건 순식간이다. 아니, 결코 그런 짓을 하지 않는 사람이라는 인정을 받아도 다른 이들이 애매하게 누명을 씌울 경우 방어할 능력도 없이 피해를 볼 수 있지 않겠는가. 절대, 너 자신이 남의 돈을 모르는 사람으로 자라야 안전할까 말까 한 것이다.

아이는 그 일 이후 한참 동안 엄마를 피해 다녔다. 안타깝고 쓸쓸한 엄마 마음도 모르고…. 그래도 돈에 대한 아이의 미련은 쉽게 가시지 않아, 별별 시트콤 같은 상황을 다 겪은 후에야 남의 돈에 손을 대지 않게 되었다. 자리에 누워 있는데 그때 내가 아이에

게 매를 들며 부르짖던 소리가 다시금 왕왕거리며 마음속에 커다
랗게 메아리쳐 왔다.

'이눔아, 어쩌려고 그래. 이미 세상은 널 환영하지 않는데, 발 벗
고 나서서 왕따가 되려고 그래? 조금 다르고 별나면 영락없이 따
돌리는 세상에서 어떻게 살아가려고! 내가 널 어떻게 가르쳐야
하겠니⋯. 어떻게 하면 엄마 말을 알아듣겠니⋯. 이눔아⋯.'

엄마는 오늘도 소금땅에 물 뿌리러 간다

우리 집은 날마다 시트콤

유머 없이는
　　절대 우리 집 애들 키울 수 없다는 게
　　　　나의 결론!

　일요일 오전, 디지털시계의 빨간 불빛이 막 '11:00'이라는 숫자로 달리는 찰나 가방이 부르르 떨려왔다. 휴대전화의 진동이었다. 온 식구가 예배에 참석하는 시간이다. 이 시간에 전화를 걸 사람은 아무도 없는데 누구지? 십중팔구 잘못 걸려온 전화이리라 생각했지만, 어쩐지 마음이 쓰여 살짝 전화기를 꺼내 확인해 보니 뜻밖에도 집이었다. 아이들이 아직 교회에 가지 않은 건가? 우리 식구는 일산으로 이사 온 뒤에도 서울에서 다니던 교회에 계속 출석했지만, 중학생이 되면서 큰애는 친구들과 함께 일산 시내에 있는 교회에 다녔고, 아들도 좋아하는 친구가 있다며 집 앞에 있는 교회를 2년 넘게 다닌 참이었다. 아이들이 그 시간에 전화한 일은 한 번도 없었기 때문에 마음에 걸렸지만 성가대석에 앉은지라 전화를 걸 수 없는 처지, 찜찜한 마음으로 예배가 끝나기만 기다렸다.

예배가 끝나자마자 집으로 전화를 걸었다. 딸아이가 받았다.

"엄마야. 무슨 일 있었어? 여태 교회에 안 가다니…."

"가려고 했는데 섭이가 돈을 빼앗는 바람에 못 나갔어."

"에구, 저런."

한바탕 전쟁이 일어난 모양이었다. 한동안 돈만 보면 무조건 다 제 것으로 여기고 주머니에 일단 집어넣으면 절대로 돌려주지 않는 아들 때문에 애를 먹은 게 여러 번이었다. 누나는 막무가내로 고집을 피우는 동생 때문에 친구들과 함께 한 시간이나 방에 갇혀 있다가, 궁여지책으로 2천 원을 용돈으로 주고 돈을 돌려받았다고 했다. 나는 그런 일을 종종 당하면서도 여전히 아무 데나 돈을 놓아둔 건 네게도 책임이 있다는 둥 딸아이가 속상해할 말과 달래는 말을 뒤섞어 다독거린 뒤 전화를 끊었다.

그런데 잠시 후 남편이 다시 딸아이의 전화를 받았다.

"아빠, 좀전에 집에 경찰이 왔었어요."

"뭐…?"

"경찰 아저씨들이 찾아와 꼬치꼬치 캐묻고 갔어요."

큰아이는 울고 있었다.

 엄마는 오늘도 소금땅에 물 뿌리러 간다

누나랑 싸우던 동생 녀석, 홧김에 울면서 112에 신고를 해버린 것이다!

돈을 빼앗은 것도 모자라 누나를 방에 가두고 괴롭히던 녀석이 적반하장도 유분수, 경찰에 신고까지 하다니, 머리카락 나고 이렇게 황당한 일을 겪어 보기는 처음이었다. 딸아이는 뭔가 착오가 있는 모양이라고 해명을 했지만, 경관들은 일단 신고를 받은 이상 출동을 해야 하고 진상을 조사할 수밖에 없다고 한 모양이었다. 별 문제가 없음을 확인하고는 곧 돌아갔지만 딸아이는 놀란 가슴을 진정시키느라 한참 애먹었을 게 분명하다.

(그런데 아들은 정작 경찰이 온 것을 보고 너무 놀라서 자기가 신고하지 않은 척 시치미 떼고 컴퓨터 앞에 앉아 게임하는 시늉을 하고 있었다고 한다. 부들부들 떨면서….)

상황이 일단 종료된 듯해서 마음을 가다듬고 조금 일찍 집에 갔다. 들어가자마자 아들이 엉엉 울며 잘못했다고 목에 매달려 왔다. 그러면서 몇 번이고 같은 말을 되뇐다.

"경찰 아저씨가 왔어요. 누나 친구가 신고해서 왔어요."

신고는 자기가 아니라 누나 친구가 한 거란다.

"거짓말. 자기가 했으면서."

위기 모면용 멘트를 몇십 번이고 되풀이하는 동생에게 누나가 핀잔과 반박으로 맞선다.

사실을 차근차근 확인해 보니 결국 자기가 신고한 게 맞다고 인정한다. 아들은 두 시간 넘게 울면서 누나 돈 훔친 것 잘못했다, 신고한 것도 잘못했다, 거짓말한 것도 잘못했다고 했다. 뒷일은 생각지 않고 저지른 일들이 생각 외로 너무 커져 자기가 더 놀란 모양이었다. 경찰 아저씨들이 정말로 올 줄이야….

엄마 아빠의 신뢰와 애정을 잃을까 두려웠던지, 녀석은 그날 그렇게 싫어하는 방 청소와 수학 숙제를 솔선해서 하고 지친 나머지 잠들었다.

'참 아이들 키우는 게 쉽질 않다. 에구구… 종종 이렇게 화들짝 놀라게 하는데 참말이지 면역이 안 된다… 에휴….'

그날 싸이월드 다이어리에 그런 말로 마무리하니 친구들이 댓글을 달았다.

"참으로 버라이어티하고 스펙타클하구나. 다들 놀라고 맘 고생 했겠지만 먼 훗날 돌아보면 웃게 될지도…."

그에 대한 나의 댓글.

"벌써 웃고 있어. 한 편의 시트콤 같지 않니? ㅋㅋ 유머 없이는 절대 우리 집 애들 키울 수 없다는 게 나의 결론!"

별난 식성 I

짜장, 짬뽕, 탕수육 등 중국 요리. 초밥, 알탕, 오코노미야키 등 일본 요리. 만두, 빈대떡, 된장찌개 등 한식 다수. 멸치나 조개, 다시마로 국물을 낸 모든 국과 찌개. 오징어, 새우, 게, 조개를 비롯한 해산물. 회. 카레 등 퓨전 음식. 죽. 초콜릿과 치즈, 고구마 케이크를 제외한 모든 케이크. 햄버거. 식빵과 카스텔라, 소보루 빵을 제외한 모든 빵. 인절미를 제외한 모든 떡. 샐러드 등 소스 끼얹은 음식. 김치. 국수. 거의 모든 야채—안 먹음.

차라리 먹는 걸 세보는 게 빠르겠다….

아들은 몇 년 전 뷔페에 가서 미역국과 갈비, 과자 하나, 이렇게 세 가지만 먹고 나온 유별난 편식 대장. 이유식 시기부터 유난히 먹을 걸 가리기에 웬 식성이 저리 까다로운가 의아하게 여겼는데, 그게 자폐 성향의 하나라는 걸 나중에야 알았다. 억지로라도 먹여 보려 하면 토하거나 식사를 거부하곤 했기에, 강권하다시피 했던 부모도 나중에는 두손 두발 다 들었고, 그리하여 아이의 식성은 극히 좁은 범위로 고착되고 말았다. 까다로운 그 식성에 초점을 맞추다 보니 우리 집 식단은 점점 초라해져만 갔다.

단순히 음식 맛의 호불호를 떠나 정신적인 이유도 선택에 큰 영향을 끼치는데, 그 기준을 도무지 모르겠다. 어떤 날은 독도가 자기네 땅이라 우기는 일본 때문에 돈까스를 안 먹겠다 선언하더니, 몇 년이 지난 지금은 또다시 먹는다. 그새 일본을, 아니 돈까스를 관용으로 받아들이게 된 것인지. 수수께끼다.

녀석이 어렸을 때 거제도로 가족 여행을 간 적이 있다. 해산물은 안 먹겠다고 울어대며 오로지 된장찌개만 찾는 아이의 고집 앞에, 우리는 그 많은 횟집과 해산물 요리를 내놓는 식당들을 놔두고 백반집을 찾아 헤매지 않으면 안 되었다. 녀석은 그렇게 잊지 못할 추억을 안겨 주더니, 그런 일이 일어난 지 얼마 안 되어 된장찌개를 안 먹겠다 선언했다.

"왜? 그것만 먹겠다고 그리 우기더니."

"안 먹을래요."

"정말 안 먹어?"

 엄마는 오늘도 소금땅에 물 뿌리러 간다

"안 먹어요."

녀석은 10년이 지난 지금도 된장찌개를 안 먹는다. 그 이유는 아직도 말해 주지 않았다.

어느 날 저녁, 교회에서 돌아오는 길에 콩나물국밥집에 들렀다. 맛도 좋고 가격도 저렴해서 우리 식구들이 종종 들르는 식당인데, 입맛 까다로운 아들도 평상시에는 이 집만은 군소리 없이 따라 나선다. 아들을 데려가려고 도중에 집에 들렀는데, 그날은 무엇이 못마땅한지 소파에서 영화를 보면서 꿈쩍도 하지 않았다. 캐물어도 말이 없다. 달래다가 단념하고 "그럼 다 보고 와" 하고 나머지 식구들끼리만 집을 나섰다. 식당은 집에서 그리 멀지 않은 곳에 있으니 설마 오겠지, 하는 생각에서였다. 평소에 식구들은 차를 타고 가도 녀석은 늘 뛰어서 그 식당에 오고는 했기에…. 그러니 아이는 저녁을 먹으러 오지 않았다.

불편한 마음으로 집에 가보니 여전히 새초롬한 얼굴로 소파에 기대어 있다. 왜 안 왔느냐 여러 번 물었더니 그제야 겨우 "난 부대찌개 먹고 싶어"라고 대답하는 게 아닌가. 그럼 그렇다고 미리 말을 할 것이지, 꼭 그렇게 식구들을 불편하게 만들어야 하는가.

아이의 별난 식성보다 더 힘든 건 어디로 튈지 모르는 아이의 변덕스런 심성이다. 아무리 좋아하는 음식을 만들어 식탁에 차려 놔도 그날 먹고 싶지 않으면 그걸로 끝. 저녁 먹으란 말에 방에서 휘청휘청 나와서는 1초가량 식탁을 슥 훑어보는데, 마음에 안 들면 다시 방으로 들어가 문을 잠가 버린다. 애써 음식을 마련한 엄마는 맥이 쪽 빠진다. 한두 번 당한 일이 아니라 18년 넘게 만 날 겪은 일이니 익숙해지기도 하련만, 당해도 당해도 익숙해지지 않는 건 무슨 일인지. 덤덤하게 넘어가는 건 마음의 여유가 있는 날이고, 지치거나 마음이 상할 때는 아무 소용 없는 줄 알면서도 기어이 한마디 하게 된다.

"그러지 말고 좀 먹어 봐. 너 이거 좋아하잖아."

"안 먹어요."

"많이 먹을 필요도 없어. 한 입만."

"안 먹어요."

"이런 짓도 한두 번이지… . 너 참 너무한다."

"오해예요."

"무슨 오해? 같이 밥 먹자는 것뿐인데."

"오해라구요. 엄마는 날 미워해."

아이는 화를 발칵 내고 방으로 들어가 고스란히 저녁을 굶는 다. 그리고 밤중이 다 되어, 식구들이 잠자리에 들 때가 되어서야 슬그머니 나와 냉장고에서 뭔가 먹을 게 없나 찾는다. 수시로 식 사를 거부하는 아이를 위해 우리 집에는 늘 비상식량이 비축되 어 있다. 식빵, 시리얼, 우유, 과일…. 아이는 나에게 마법을 요구한 다. 지팡이를 휘둘러 당장 고기 넣은 맛난 미역국을 대령하라, 그렇지 않으면 밥상을 외면하리라. 그러나 그건 내 능력 바깥 일이다. 엄마는 말만 하면 뚝딱 산해진미를 내어 주는 램프의 요정이 아니란 말이다….

　오래전 조기교실 원장님에게 말한 적이 있다. 이젠 그냥 아이를 손님이라고 생각하기로 했다고. 외국 아이라고 생각하면 마음은 편하리라고. 말은 그렇게 했어도 실천하기란 참으로 쉽지가 않았다. 부족한 솜씨나마 열심히 차린 밥상을 매일 식구의 한 사람에게 거부당하는 엄마의 심정을 사람들은 알까. 내 마음을 영상으로 찍을 수 있다면, 그건 바닷속 바위 같을 것이다. 따개비와 굴이 잔뜩 붙어서 형체도 알아볼 수 없게 변해 버린 바위. 다친 상처 위에 자꾸만 딱지가 덧붙어서 울퉁불퉁한 흉터가 되어 버린.

　외국에서 살다가 한국에 들어와 수 년을 살아도 김치와 된장찌개에 끝내 적응하지 못하고 가는 외국 사람이 있듯이, 내 아이가 그런 아이인지도 모른다. 어떤 이상한 나라로 통하는 문이 내 배 속에 생겨나 머나먼 우주 반대편에서 살던 녀석이 그 속으로 굴러 떨어진 건지도 모른다. 낯설고 물선 곳에서 식성에 맞지 않는 음식과 언어와 풍습과 제도에 억지로 자신을 끼워 맞추며 힘들게 살아가는 건 어쩌면 너인지도 모른다.

　그렇다면 구태여 너를 굳이 지구 위에서도 조그만 나라인 한국, 그중에서도 서울의 안 모라는 집안에 태어난 아이로 고생스

레틀 지을 필요가 있겠니. 엄마는 네가 가족들과, 사람들과 어울려 살기를 원해. 그러나 그게 쉽지 않다면, 그냥 '같이' 살면 되는 거지. 우리와 똑같이 되어야 한다는 당위는 우리 마음속에서 조금씩 덜어서 내려놓으며. 다르지만 그냥 함께 살면 되는 거지. 그치.

엄마는 오늘도 소금땅에 물 뿌리러 간다

별난 식성 Ⅱ

개인이 얼마나 똑똑한 사람인가 하는 것은 그의 감각기관과 신경계가 얼마나 유능한가에 달려 있다고 생리학자들은 말한다. 이러한 감각기관과 신경계통 기능의 양호성 정도를 신체적 지능이라고도 부른다. 예를 들어, 세계 모든 나라 음식을 잘 먹는 사람은 특정 기호의 음식에 고착되어 있는 사람보다 미각적 지능이 더 뛰어나다고 말할 수 있을 것이다. 30여 년 전 교회 중고등부 여름수련회에 참석한 어느 날 처음으로 맛본 카레의 자극적인 맛, 어찌나 충격적이었던지 한 그릇을 진땀을 흘리며 억지로 다 먹느라 고생깨나 했던 기억이 있다. 지금이야 뇌와 위장이 카레를 순순히 받아들이지만, 그때는 모양도 맛도 생소한 음식을 몸이 받아들이는 데 심히 큰 저항을 느꼈던 것이리라. 어렸을 적부터 다양한 환경에 노출되어 여러 가지 자극을 받아 본 사람이 신체적 지능이 더 뛰어난 것은 어쩌면 당연한 일인지도 모르겠다.

그런데 자폐 성향을 가진 사람들은 바로 이러한 감각 기능과 신경계통 기능의 장애를 지닌 이들이다. 다른 사람들이 한 가지 자극을 받을 때 스트레스를 1 정도 받으며 그 자극을 수용한다면, 이들은 스트레스를 4에서 많게는 10까지 받는다. 그리고도 자극을 수용하면 다행, 끝내 수용하지 못하는 경우도 허다하다. 아이가 라면에서 파를 골라내고 있는 모습을 보면 자못 비장한데, 그걸 보면 짜증스러우면서도 웃음이 나오는 건 어쩔 수 없다. 아이에게는 그 파 부스러기가 쌀밥에 들어간 손톱만 한 돌처럼 여겨지는 모양이다. 다른 식구들에게는 기쁘고 향기롭기만 한 식탁이 아이에게는 거슬리고 힘겨운 돌밭 같은 모양새로 비칠지도 모르는 일이다. 이 얼마나 힘겹고 안쓰러운 일인가.

그런 줄을 알면서도 겉보기에는 너무나 멀쩡하고 잘생긴 아이들이기에, 기묘한 돌출행동(처럼 느껴지는 수많은 일들)을 할 때마다 식구들의 신경이 곤두서는 것도 어쩔 수 없다. 신경계와 감각계가 정상으로 작동하는 사람들과 그렇지 않은 사람의 동거, 그것은 다시금 지구 사람과 먼 별에서 온 사람의 동거라는 느낌을

 엄마는 오늘도 소금땅에 물 뿌리러 간다

준다. 기적이 일어나 그의 감각계가 정상이 되지 않는 한, 서로 낯설어하며 신경을 건드리는 이 삶은 죽을 때까지 계속될 것이다.

그래서 그런지 자폐아의 유별난 식성을 개선시켰다는 소식은 단연 토픽감이다. 그게 가능해? 이런 의구심을 가지고 기사들을 대하게 되는 것이다. 7, 8년 전에 모 일간지에 이런 기사가 실렸다. 한 엄마가 유별난 식성을 지닌 자폐 성향의 아이를 데리고 산속에 들어가 거의 8, 9일을 굶겨, 아이를 끝내 아무거나 잘 먹는 아이로 만들어 놓았다는 것이다. 아마도 아사 직전에 음식을 내밀었던 것인지…. 엄마도 아이와 함께 꼬박 굶었다는 얘기였다. 죽을 각오를 하고 들어가 그리했다는 것도 놀랍지만, 그렇게 해서 아무거나 잘 먹게 했다니, 그게 가능한 얘기란 말인가? 거의 굶어 죽을 뻔한 경험이 아이의 감각기능을 놀랍도록 개선시켰다는 얘기인가? 그 기사 옆에는 엄마와 아들이 해사한 얼굴로 함께 웃는 사진이 실려 있었다.

그 기사에 의구심과 감동을 동시에 받은 나는 친정 어머니와 더불어 그 모자에 대해 대화를 나누었다. 그때 엄마는 이렇게 말씀하셨다.

"너도 섭이를 데리고 산으로 들어가 봐. 죽을 각오라면 뭘 못하겠어. 넌 하여튼 모진 구석이 너무 없어서 탈이야. 그런 애들을 키우는 엄마한테 모진 구석이 없으면 어떡해."

"… 엄마가 그렇게 낳아 놓구선. 맹탕으로."

"… 어이구, 그래. 내 탓이다."

모진 엄마가 못 되어 미안하다. 헌신적인 엄마가 못 되어 미안하
고. 엄마가 먼저 살아남아야 해서 그랬어. 밥보다 먼저 웃는 얼굴
이라 생각해서.

　엄마는 오늘도 소금땅에 물 뿌리러 간다

말, 말, 말

보통 아이가 어릴수록 엄마들은 학급 부모회에 더 적극적으로 참석해 아이의 학교생활과 교우관계를 돌보고 힘써 도우려는 경향이 크다. 나도 딸들의 경우 초등학교 1, 2학년 때는 학부모회에 들어가 아이 친구 엄마들의 말에 귀를 기울이고 교제하려 애썼다. 큰아이의 경우 아이들이 대학생이 되고 먼 동네로 이사를 온 지금도 그때 사귄 엄마들과 1년에 두어 차례씩 만나 즐거운 담소를 나누곤 한다.

그런데 아들의 경우는 또 달라서, 도움반 엄마들과는 동지의식으로 똘똘 뭉쳤지만 통합 학급 엄마들과는 말을 섞을 기회조차 없었다. 자폐란 것이 의사소통에 큰 어려움을 겪는 장애다 보니, 장애가 없는 친구들과 어울려 지낼 수 있는 시간은 수업시간밖에 없었다. 우리 아이가 수업시간에 어떻게 지내는지는 선생님께 들으면 되었겠지만, 나는 그 또래 아이들이 무슨 생각을 하며 어떻게 자라고 있는지가 궁금했다.

발달장애, 의사소통장애가 있는 아이들은 다른 아이들과 보조를 맞추기 힘들기 때문에 친구 사귀는 것이 쉽지 않다. 아이가 커 가면서 엄마로서 느끼는 가장 큰 어려움 중 하나가 그것이었다. 친구들과 함께 어울려 게임하고 노는 걸 볼 수 있다면. 책가방 둘러메고 함께 떠들어 대며 떡볶이도 먹으러 갈 수 있다면. 같이 자전거 타고 먼 동네까지 모험하러 가볼 수 있다면. 내 아이가 집에 친구를 데려온다면, 집이 아무리 어질러지고 폭탄 맞은 듯 변해도 몇 명이라도 기쁘게 맞이할 텐데…. 그날은 내 꿈의 한 구석이 실현되는 날이 될 터인데.

아이가 동네 학교로 전학 온 이듬해, 나는 용기를 내어 아들이 속한 5학년 학급 학부모회 명단에 내 이름을 썼다. 엄마들을 알고 지내다 보면 요섭이도 그 엄마의 아이들과 어울려 지낼 기회가 빈번해질지도 모른다. 첫술에 배부를 수는 없겠지만 함께하다 보면 어려운 가운데서도 접점을 찾게 될지도 몰라. 한두 명이라도… 친구를 얻을 수만 있다면.

   엄마는 오늘도 소금땅에 물 뿌리러 간다

조금은 떨리는 마음으로 이름을 올린 뒤 며칠이 지나 집으로 전화가 왔다.

"안녕하세요, 요섭이 어머니시죠? 저는 회장 엄마인데요."

"아, 네. 안녕하세요."

"네…. 실은 말씀드릴 게 있어서요."

수화기 저편에서 머뭇거리는 기색과 더불어 아주 짧은 시간이 흘렀다.

"실은, 요번에 어머니회 엄마들과 모여 얘기하던 중에… 요섭이 어머님은 번거로우실 테니 굳이 어머니회에 오지 않으셔도 될 것 같아서요. 다들 모여서 얘기하는 거라곤 아이들 성적 얘기며 학원 얘기 같은 건데… 오히려 엄마들 사이에서 속만 상하실 것 같아요. 교실 청소며 다른 일들은 임원 엄마들이 알아서 하면 되니 신경 쓰지 않으셔도 돼요."

"네…."

상대가 미안하다는 말을 하고 끊었는지는 기억나지 않는다. 감정이 북받치면 논리나 이성이 마비되어 버려 무슨 대꾸를 해야 할지 찾을 수 없다. 목구멍은 자동차 충돌시 에어백이 터지듯 순식간에 확 부풀어 오르고 가슴은 굵은 가시밭에 엎어진 듯 둔중한 아픔이 파고 들어왔다.

나란 사람은 늘 말이 더디고 생각이 더디다. 아무 말도 못하고 수화기를 내려놓으며 작다면 작고 거창하다면 거창한 꿈을 함께 내려놓은 그날, 내가 하고 싶었던 말은 무엇이었나. 굳세고 담대한 엄마라면, 그럼에도 불구하고 똑똑히 의사를 밝히며 친구가 되고자 하는 노력을 몇 번이고 경주했겠지만, 나는 그렇게 단단하지를 못했다. 그 전화를 받은 지 8년여가 지난 오늘에야 나는 할 말을 찾아냈다.

"어떤 고통이든 저는 제가 선택한 고통으로 아파하겠습니다. 당신들이 권하는 쪽이 덜 아프다고 배려해 주셔도 저는 달갑지 않습니다. 비록 더 아프더라도 전 제 결정으로 아파하는 쪽이 더 낫습니다. 당신들의 일방적인 배려는 모욕이자 월권입니다. 그냥 맘껏 아파해도 좋으니 저 대신 제 고통의 방향과 수위를 결정하고 골라 주진 마십시오."

집안에 장애인이 있다거나 환자가 있다고 해서 그 집이 불행하리라 생각한다면, 그건 오해다. 그 가족의 단면만을 보고 행불행을 짐작하거나 판단하는 것은 금물이다. 장애인 가족이든 중환자 가족이든 가난한 가족이든 범법자 가족이든, 다 평범한 사람들이요 일반적인 가족일 뿐이다. 특별한 호의나 대우가 필요하지도 않다.

우리는 어려움을 당한 사람에게 다가가기를 어려워하기 때문에, 때로 어설픈 호의를 보여 당사자를 더욱 아프게 하는 실수를 저지르기도 한다. 그들을 배려한답시고 생각해 낸 방법들이지만, 실은 자기 맘 편하자고 한 경우가 적지 않다. 그들을 외면하고 방

   엄마는 오늘도 소금땅에 물 뿌리러 간다

기했다는 비난을 듣기 싫어 눈 가리고 아웅 하는 식으로 추진한 복지정책이나 관심은 아프거나 외로운 사람들을 더 괴롭게 한다. 설익은 호의는 날것만 못할 때가 많다. 그 누가 이런 실수에서 자유롭겠는가.

혹여 당신이 키우기 어려운 아이를 돌보는 사람에게 호의를 베풀 마음이 있다면, 그 사람에게 마음과 귀를 열어 두시라. "당신 그릇이 커서 하늘에서 특별한 아이를 보내 주신 거예요" 또는 "감당할 만한 사람이니까…" 이런 위로는 하지 말고 마음속에만 담아 두시라. 장애아의 부모들은 대부분 그런 말을 듣고 싶어 하지 않는다. 그들은 자신의 평범함과 한계를 아주 잘 알고 있다. 그런 어려움을 건너뛸 수 있다면 특별한 사람 따위는 되고 싶지 않다는 게 그들의 정직한 심정이다. 어려운 상황에서 그저 도망치고 싶은 마음을 수시로 느끼고 때로 아이들에게 숱하게 잘못을 저지르는데도 천사라는 말을 들을 때면 쓴웃음이 저절로 나온다.

그들은 매일 자기 속의 어두움과 마주하는 사람들이다. 그러니 찬사는 거두고 그저 평범한 친구로 남아 주시라. 빨갛게 덧나 있는 상처 때문에 그들은 가끔 날선 태도를 보일지 모른다. 하지만 당신의 사랑과 우정은 그들에게 뜨거운 여름날 한 그릇의 냉수 같은 청량함과 휴식을 줄 것이다. 그리고 그들은 어려움을 극복하면서 배운 여러 가지 지혜와 통찰들을 당신에게 돌려주는 친구가 될 수 있을 것이다.

사춘기

엄마가 오랜만에 집에 있는 한낮, 단축수업 때문에 일찍 뛰어 들어온 아들의 첫 마디는 이랬다.

"왜 안 나가요? 나가세요! 나가라구요!"

녀석이 혼자 있는 걸 좋아하는 건 알지만, 이렇게 다짜고짜 한사코 집안 식구들을 밖으로 내몰 때면 슬그머니 부아가 치미는 것은 어쩔 수 없다.

"컴퓨터 할래요, 비켜 주세요."

"엄마가 일기 쓰는 중이니까 5분만 기다려 줄래?"

"컴퓨터 할 거예요. 비켜요."

"조금만 기다리라니까. 얼른 비켜 줄게. 옷부터 갈아입고 있으렴."

"억지로 시키지 마세요."

"내가 언제 억지로 시켰어. 얼른 해."

"욕하지 마세요."

"욕 안 했어. 옷 갈아입고 와."

"협박하지 마세요."

"(여기서부터는 나도 정말 화가 난다) 누가 협박을 했다고 그래?"

"엄마가 협박했잖아요. 엄마가 억지로 시키고 협박하고… 엄마 미워!"

고함을 지르기 시작하고 자기 방에 들어가거나 밖으로 나가며 문을 쾅 닫아 버린다.

아들의 사춘기. 이런 대화가 아들과 나눈 모든 대화에 반복되는 패턴이있다. 이 3분도 안 되는 대화가 하루에도 몇 번씩 되풀이되었다. 아들이 열 살 정도 되기까지는 말이 잘 안 트여 막무가내로 떼를 썼고, 열 살 이후 말이 조금 트였을 때는 이런 식으로 매일 시달렸다. 면역이 생길 법도 하련만, 도무지 적응할 수 없고 늘 낙심하기 마련이었다. 이 짧은 대화 후엔 마음이 어김없이 타격을 입었다. 매일, 매주 힘을 내야지 다짐하면서도 잘 되지를 않았다. 아이와 이길 가망 없는 실랑이를 하루에도 몇 번씩 하고 나면, 늘 원망의 기도가 터져 나왔다.

'저처럼 사랑 없는 사람에게 왜 이런 벅찬 과제를 주시나요?'

답은 다 알고 있건만, 실행할 능력은 내게 없었다. 그저 하루하루 버티며 아이가 빨리 자라기만 바랄 뿐이었다.

아이가 중학생이 되었을 때, 즉 자폐 증상이 있다는 진단을 받은 지 10년이 넘어가고 있던 무렵 나는 많이 지쳐 있었다. 늘 행복해도 권태에 빠지지만, 늘 고통스러워도 권태에 빠진다는 말을 누가 했던가. 그건 정말 정확한 말이다. 고통이 일상이 되면, 내일은 오늘보다 더 잘할 수 있을 거라든가 상황이 나아질 거란 생각은 자취를 감추고 하루하루가 타성에 젖어 흘러간다. 아이의 키는 자라고 목소리는 굵어지는데 정신은 여전히 네댓 살 아이에 머물러 있으니, 남자아이들 특유의 공격성이 늘어가는 나이에 이르러 싸우는 대상은 늘 엄마였다.

엄마는 늘 패자가 될 수밖에 없었다. 아무리 말도 안 되는 억지를 쓰며 공격하고 괴롭혀도 일일이 받아 주고 용납하지 않으면 관계 자체가 이어져 가지 않기 때문이었다. 아무리 마음을 상하게 해도 결국 용서하고 모른 척해 주어야 하는 사람은 엄마였다. 지능과 판단력이 부족한 아이를 대상으로 싸울 수도 없고, 설령 싸운다 해도 이길 수 없는 것은 자명하다. 그런 식으로 나는 매일 나의 한계에 부딪쳤다.

언제부터인가, 아이와 다툰 뒤에는 무작정 달리러 나가는 버릇

   엄마는 오늘도 소금땅에 물 뿌리러 간다

이 들었다. 그렇게 한참을 헤매고 나면 기분이 나아져 들어온다. 하루는 아이와 역시나 기진맥진한 실랑이 끝에 퉁퉁 부은 얼굴로 집을 뛰쳐나가는데, 현관 앞에서 아랫집 현민 엄마와 딱 마주쳤다.

"무슨 일이에요, 요섭 엄마?"

"…"

"요섭이 때문이구나."

"…"

"한참 걷다 와요. 우리 집에서 차 한 잔 마셔요."

현민 엄마와는 아이가 어릴 적 조기교실에서 만난 사이인데, 현민이 역시 자폐 스펙트럼 안에 있는 아이였다. 무슨 섭리에선지 몇 년 뒤 바로 위아랫집 이웃으로 만난 것이다. 그때 얼마나 놀랍고 반가웠던지. 한참을 걷고 마음을 진정시킨 뒤 이젠 더 이상 눈물이 나오지 않겠다 싶었을 때 아랫집 벨을 눌렀다.

이런 날은 도무지 아무에게도, 부모님에게도 친구들에게도 후배들에게도 내 얘기를 할 수가 없다. 그 단절감이란. 아무도 내 좌절감을 알 수 없다는 생각이 들 때 느끼는 고독이란. 그날, 이야기 끝에 나와 똑같은 상황에 처해 있는 이라서 내 얘기를 할 수는 있지만 결국 이건 내 숙제일 뿐이라는 생각이 들었다. 넋두리는 할 수 있지만 해결은 할 수 없기에.

아이가 사춘기를 지나는 동안 참 많이도 달렸다. 어떤 날, 달리는 도중 차가운 비를 온몸에 맞고 집에 오니 아들이 자기를 미워하지 말라고 애원하다시피 한다. 엄마를 울리기까지 괴롭혀 놓고, 막상 엄마가 집을 나가니 버림받을까 봐 겁이 났던 걸까. 힘센 팔로 엄마 목을 끌어안으며 "날 미워하지 마세요" 하며 부르짖는다. 힘이 너무 세서 목이 졸려 온다. 숨이 턱 막힌다. 팔이 철봉같이 완강해서 풀 수가 없다.

"이거 놔…. 숨을 못 쉬겠어."

낑낑거리며 풀려고 해도 요지부동이다. 화가 아직 안 풀렸지만, '화 안 났다' '용서한다' 말하지 않으면 울고 있는 아들에게 목 졸려 죽을 지경에 처한다. 멀리서 보면 코미디 같은 풍경이다.

"화 안 났다니까. 풀어 줘, 제발."

아들은 그제야 참나무 빗장같이 단단한 팔을 풀어 준다. 엄마는 아직도 노여움이 덜 풀렸지만, 용서한다고 말해 버렸으니 그 말을 지켜야 한다. 그렇게 수많은 순간들이 아이의 강요에 의해 매듭지어졌다.

사춘기를 지나는 동안 아들 녀석은 나를 바닥부터 뒤흔들어 놓고 늘 온유한 태도를 주문했다. 하지만 친절과 웃는 얼굴을 보이기는커녕 욕설과 원망, 폭력을 휘두르고 싶은 충동을 피해 늘 현관을 박차고 나가야 했다. 난 여기까지야, 고작 여기까지밖에 안 돼, 부르짖으며….

공동체 내에서 가장 약한 자에게 가장 알맞은 섬김을 할 수 있어야 한다던 설교가 생각난다. 약한 자를 약한 자로 받아들이고 그를 아파해야 한다고? 누가 그런 설교대로 살 수 있다던가? 말은 그럴듯하게 할 수 있지만 당하는 사람에게는 악몽 자체인 나날. 그런 상황에서 도망치지 않는 것만이 그때 내가 할 수 있는 최선이었다. 그런 시절을 겪고 나니 고통을 당하고 있는 사람에게 입에 발린 말을 하기가 겁난다. 도대체 말로는 무엇을 못하겠는가?

'더 많이 사랑하는 사람이 패배한다.' 토마스 만의 《토니오 크뢰거》를 읽다가 내 마음과 똑같은 구절을 발견하고 깜짝 놀랐다. 나만 발견한 사실이 아니구나. 이미 다른 사람들도 그런 결론을 내리고 있었구나. 아이들과 갈등 상황에 놓일 때 엄마가 져주는 건, 완력이나 지혜가 부족해서가 아니라 오히려 지혜롭기 때문이며 아이를 사랑하기 때문이다. 아이의 생래적인 어리석음이 시시때때로 닐 공격하며 어김없이 마음을 황폐하게 하지만, 결국 난 그를 이길 수가 없다.

복음서에서 예수님은 포도원 소작인들에 대한 비유를 드신다. 포도원 주인이 포도원 농부들에게 그렇게 어이없는 피해를 입으면서도 줄기차게 이 사람 저 사람을 보낸 것은 지극한 사랑 때문이 아니었던가…. 그리하여 십자가는 하나님의 패배의 상징, 그리하여 사랑의 상징이었던 게다.

아이와 싸우면서 매일 울거나 앓곤 한다. 그렇게 매일 죽음에

가까운 경험을 하면서 하나님 아버지의 마음을 본다. 사랑하기에
패배할 수밖에 없었던 그 마음을.

 엄마는 오늘도 소금땅에 물 뿌리러 간다

결핍에 대하여

저녁 때 남편이 이리저리 TV 채널을 돌리다가, 마침 〈러브 액추얼리〉에 시선을 고정시킨 참이었다. 주인공 중 하나인 꼬맹이 샘이 드럼을 치며 여자 친구가 부르는 노래에 반주를 하고 있는 장면이었다.

"크리스마스에 원하는 단 한 가지는 당신뿐."

그 노래를 들으니, 다시 성탄 시즌이 돌아온 모양이었다.

"〈러브 액추얼리〉에 나오는 에피소드들 중에 어떤 게 가장 마음에 들어?"

친구들에게 물어 보았다.

"이미 다른 남자와 결혼해 버린 짝사랑을 찾아가는 남자 있잖아. 커다란 마분지에 자기 마음을 적어 말 없이 보여 주던. 그 고백, 그것만 보면 맘이 짠해져."

여러 친구가 그 장면에 손을 들어 주었다. 그런데 나는 그 남자의 사랑도 애잔했지만 같은 회사에서 일하는 젊은 남녀의 사연에 더욱 마음이 저렸다. 서로 좋아하고 있음을 확인한 두 사람이 막 사랑을 나누려 하는데 여자의 핸드폰이 울리기 시작한다. 전화를 걸고 또 걸어 막무가내로 불평을 해대고 응석을 부려대는 오빠. 정신지체 장애인인 오빠를 달래고 도닥이느라 막 타오르기 시작한 사랑의 불꽃이 찬물을 뒤집어쓴 듯 사위어 가는 모습에, 마음 한 켠에 커다란 구멍이 뚫려 찬바람이 드나드는 듯 안쓰럽고 스산했었다.

하나의 불가피한 사랑 때문에 막 피어나기 시작한 아름다운 감정을 억지로 접어 넣어야 했던 여자와 남자. 이룰 수 없기 때문에 사랑은 그들에게 더욱 크게 다가오고 오히려 그들을 압도하지 않았을까.

심청전에서, 심봉사는 저녁 늦게까지 돌아오지 않는 딸을 마중하러 갔다가 개울에 빠져 한 스님의 도움을 받는다. 그리고 공양미 삼백 석을 몽운사에 시주하면 눈을 뜰 수도 있다는 말에 단번에, 시주하겠노라고 덜컥 약속을 해버린다. 어린 심청이 남의 집 잔심부름이며 음식 마련 돕기에 삯바느질을 하는 처지, 1년에 쌀

 엄마는 오늘도 소금땅에 물 뿌리러 간다

한 가마니 살 돈을 모으는 건 엄두도 나지 않는 일이었을 터인데 자그마치 삼백 석이라니. 지금 시세로 치자면 1년 연봉을 몇백 년 모아야 가능한 무모한 일을 저지른 셈이지만, 앞을 보지 못하는 이들은 그를 십분 이해하고도 남을 것이다.

심청이 아버지 눈을 뜨게 하고자 공양미 삼백 석을 마련하려고 인당수에 몸을 던진 심정을 시각장애인이 있는 집 식구들만큼 절절히 느끼는 사람들이 또 있을까. '사흘만 볼 수 있다면' 하고 부르짖었던 헬렌 켈러가 심청전을 읽었다면 심봉사네 식구들 심정을 이해할 수 있지 않았을까. 어떤 것이 절실히 필요한데, 그것이 없으면 나는 불완전할 수밖에 없는데 그것을 소유할 수 없을 때, 결핍은 우리를 절박한 벼랑 끝으로 한걸음 한걸음 몰아세운다.

그렇게 가지지 못한 이를 끔찍이도 아프게 하는 결핍은 그 사람을 때로 극히 아름답고 충만한 자리로 이끌어 가기도 한다. 아들은 일곱 살 즈음에 조기교실 친구들과 함께 당시 한참 유행하던 프로그램에 1주일에 한 시간씩 참여해 수업을 받았다. 여러 가지 운동 기구를 사용해 대근육에 자극을 주기도 하고, 친구들과 협동놀이도 하며, 선생님 지시에 맞추어 춤과 노래도 배우고 선생님이 책도 읽어 주는 프로그램이었다. 엄마들도 참여해 아이와 더불어 활동했다. 지시를 잘 따르지 못해 애를 먹는 아이들이 모였으니 수업이 원활하지 못한 것은 자연스러운 일이었으나, 여러 가지 재미난 놀이가 섞여 있는지라 아이들은 그럭저럭 즐거운 시간을 보냈다.

함께 수업을 듣는 아이들 중에 여섯 살 난 상현이란 아이가 있었다. 하루는 조금은 침울한 다른 날과는 달리 명랑하게 잘 놀더니, 좀처럼 목소리를 들을 수 없던 다른 날과 달리 입을 열어 "엄마" 하고 나직하게 불렀다. 그 소리를 듣는 순간 내 옆에 서 있던 상현 엄마의 눈에서 눈물이 펑 터져 나왔다. 평소에 아주 조용하고 침착한 사람이었는데, 그날은 감정을 주체하지 못하는 모습이었다.

"나, 엄마란 말 생전 처음 들어 봤어요…."

상현 엄마의 울먹거림에 그곳에 있던 모든 엄마들도 함께 눈시울을 적셨다. 이 세상 어떤 엄마가 그런 기적이 일어난 날 울지 않겠는가.

엄마, 엄마.

아이들이 보통 돌 전에 배워 불러 주는 정다운 말. 세상의 수많은 엄마들이 너무도 당연하게 여기는 말. 그러나 어떤 이에게는 천금보다 귀한 말. 상현 엄마의 눈물을 나는 가슴으로 십분 이해했다. 나 역시 '엄마' 소리를 한번 들으려면 6개월도 넘게 기다려야 했기 때문이다. 자폐 아들은 '엄마'란 명사를 문장의 주어로는 사용하지만 호칭으로는 잘 사용하지 않는다. 내 아이 입에서는

　　　　엄마는 오늘도 소금땅에 물 뿌리러 간다

좀처럼 들을 수 없는 말. 다정한 그 말, 엄마.

아들이 초등학교에 입학한 지 얼마 지나지 않아서였다. 함께 버스를 타고 가는데, 앞자리에 서너 살 정도 되어 보이는 꼬마가 앉아 있었다. 아이는 무엇이 그리 신나는지 카랑카랑한 목소리로 엄마에게 쉬지 않고 말을 걸었다. 만 세 살 이후를 언어 폭발 시기라고 부르던가.

"엄마, 저기 오토바이 지나가요."

"그래."

"오토바이랑 자동차 중에 어떤 게 더 빨라요?"

"아마 자동차겠지."

"왜요?"

"자동차가 더 힘이 세니까."

"왜요?"

"…."

"엄마, 버스랑 트럭 중에 어떤 게 더 힘이 세요?"

조잘조잘, 조잘조잘…. 아이 엄마는 처음에는 몇 마디 대꾸하다가 나중에는 짜증이 나는지 신경질적인 반응을 보였다.

"고만 좀 떠들어! 무슨 꼬맹이가 말이 그리 많니! 피곤해 죽겠다, 정말."

순간, 보이지 않는 손이 아프게 내장을 비틀어 짜는 느낌이 들

애벌레의 삶

었다.

'내 아이는 학교에 들어갔는데도 말이 안 트였는데… 그래서 교육까지 받으러 다니는데. 그렇구나, 누구에게는 결핍되어 너무나 소중한 것도 누구에게는 너무 넘쳐서 소중한 줄을 모르는 거구나.'

에휴. 아이가 초등학교에 들어갔는데도 말이 터지지 않아 속상한 엄마, 여기 있다고요. 아이 입에서 엄마를 다정하게 부르는 소리를 들어볼 수만 있다면. 저런 유창한 말을 아이 입에서 들을 수만 있다면, 세상 그 누구도 부럽지 않을 텐데. 그 모자를 바라보며 부러운 마음과 속상함에 마음속은 커다란 외침으로 들끓었다.

내가 지금 숨쉬고 헤엄치고 있는 세상은 이미 아름다운 것으로 충만하다. 이 세상 속에 출렁이고 있는 온갖 좋은 것들은 마치 물고기에게 바다 같아서 의식하기 힘들다. 운 나빠서 그물이나 낚시에 걸려 배 위로 끌어올려진 물고기가 아가미를 펄떡거리며 물을 찾듯 결핍, 결핍 앞에 선 사람만이 온 세상에 가득한 것들을 아프게 의식하고 꿈꿀 수 있으니 무슨 역설인가. 슬픔과 결핍이 아니고서는, 우리는 이미 우리가 바다 속에서 춤출 수 있는 존재임을 잘 깨닫지 못한다. 모자람과 부족함 아니고서는 감사나 누림 쪽으로 쉬이 나아가지 못하는 바보, 그게 바로 나다.

아무리 귀한 것들 속에 파묻혀 산다 해도, 가치를 모르면 그 보

물들은 천덕꾸러기 취급을 받기 일쑤다. 지금도 상현 엄마의 눈
물을 떠올리면, 내가 지금 당연하게 생각하고 있는 수많은 보배
들이 돌연 휘황한 빛을 발하는 것을 느낀다.

장가들고 싶은 아들

아들은 개띠, 스무 살 청춘인데 학교를 1년 늦게 들어가 동급생들보다 한 살이 많다. 판단력이나 도덕심은 비록 어린이집 다니는 서너 살 정도의 어린아이지만, 몸이나 기력은 건강한 청년이니 이성이 그리워지는 것은 당연지사. 열두 살 무렵엔 더 이상 특수반 선생님과 함께 현장학습 다니는 게 싫다면서 학교 앞에서 손수 만든 피켓을 들고 서서 일인시위까지 한 깜찍한 전적이 있다. 피켓에 쓴 내용은 이랬다. '박은희 선생님과 같이 버스타기 싫다. 송채연과 앉아라.'

그로부터 8년, 마음에 드는 여러 여학생이 녀석 앞을 지나갔다.

녀석은 예쁜 여학생도 좋아하지만 자기에게 상냥하게 대해 주는 아이들을 특히나 좋아했다. 강아지나 고양이도 자기를 상대하는 사람의 마음을 읽고 몸을 부벼 오는데, 하물며 사람이랴. 말이 어눌하고 지능이 부족한 아이들일수록 오히려 상대가 얼마나 나를 좋아하고 진심으로 존중하는지 본능적으로 파악하는 능력이 뛰어난 것 같다.

녀석이 5학년이던 어느 주일 아침, 교회에 가려고 한창 준비를 하고 있는데 갑자기 아이가 없어졌다. 놀이터도 가보고, 가게도 가보고, 학교 운동장에도 가보았지만 없었다. 아침부터 걱정으로 기진맥진한 식구들에게 남편이 말했다.

"다른 사람들은 버스 타고 먼저 교회 가. 내가 남아서 더 찾아볼게."

"네…. 찾으면 연락 주세요."

한 시간 정도 지났을까, 연락이 왔다. 혹시나 해서 집 앞 교회에 들어가 봤더니 초등부 예배실에 다른 아이들과 함께 앉아 있더라는 것이다. 같은 반 여학생이 그 전날 자기네 교회에 오라며 초대해 준 게 퍽이나 감동적이었던 모양이다. 그렇게 그 교회에 한 번 가더니 녀석은 여태껏 식구들과 함께 다니던 교회에 가지 않겠다며 결별 선언을 했다. 아이 혼자 다른 교회에 떼어 보내려니 안심이 되지 않아 두고두고 달래 봤지만, 소용이 없었다.

그만큼 아이의 결심은 단호했다. 그 고집을 꺾을 수 없다는 걸 알고 나는 의사를 존중해 주었다. 엄마 아빠와 함께 다니고 있던 교회, 태어나기 전부터 열 살 넘어서까지 다닌 교회에 아이는 정이 없었다. 친구들과 대화가 어렵고 의사 표현에도 늘 애를 먹는 아이를 짓궂고 철없는 교회 아이들이 둘러싸고 놀려대는 걸 나도 두어 번 목격한 적이 있다. 엄마에게 자기가 당한 어려움을 말로 옮기지 못하는 아이다. 학교나 교회나 동네에서 얼마나 많은 괴롭힘을 당했을지, 짐작조차 할 수가 없다. 그가 느끼고 있던 심리적 압박감이 얼마나 컸을지, 그러니 반대로 자기에게 잘해 주는 사람에게 얼마나 큰 정을 느꼈을지도 짐작만 할 수 있을 따름이다.

또 이런 일도 있었다. 교회 식구들끼리 캠핑장에 가서 고기를 구워 먹기로 한 날이었다. 늘 제 계획에 따라 움직이느라 분주한 아들이 어쩐 일인지 그날은 같이 간다며 우리를 따라 나섰다. 내 친구의 딸, 녀석보다 두 살 어린 여학생도 그날 따라 엄마와 함께 왔다. 예쁜 여학생을 만난 녀석은 폭군처럼 으르렁거리던 집에서의 평소 태도는 어디다 버렸는지, 갑자기 온순한 강아지처럼 수줍어했다. 얼굴은 채송화같이 발그레 피어나고 심지어 그 여학생 이름을 다정하게 부르며 관심을 끌려 하는 모습을 보고 식구들은 놀라움을 금치 못했다. 우리는 이제까지 그의 그런 모습, 그런 얼굴을 한 번도 본 적이 없었다. 그 모습은 기쁘면서도 충격적이었다.

즐거운 피크닉을 마치고 밤이 깊어져 집으로 돌아가려고 주차
장으로 발을 옮기는데 내 곁에서 걷던 막내가 울먹거렸다.

"오빠는 정말… 나한테는 늘 못되게 굴면서 그 언니한테만 그
렇게 잘해 주고…."

"…."

식당에 가서 밥 먹을 때 한 번도 옆자리나 앞자리에 앉지 않는
오빠. 말도 섞지 않고, 가끔 말도 안 되는 이유로 성질 부리고 구
박하는 오빠. 마치 전염병에라도 걸린 것처럼 동생을 경원시하고
나란히 앉는 것을 한사코 피하는 오빠가 다른 집 언니에게 그렇
게 상냥하고 다정할 수 있다니. 어렸을 적부터 언제나 오빠가 있
어도 부재하는 거나 마찬가지인 듯 여겨졌던 막내에게 특히나 그
사건은 충격적이었나 보다. 나는 그만 순간 압도해 오는 크나큰
안쓰러움에 막내의 어깨를 꼭 끌어안아 주었다.

그래도 끌리는 이성 곁에 서면 얼굴과 마음이 꽃처럼 피어나는
것은 평범한 청소년이라면 지극히 자연스러운 현상이기에, 그런
모습을 보면 마음 한구석이 저릿하면서도 내 입가에는 엷은 미소
가 떠올랐다. 짜식, 남자는 남자구만. 그러던 녀석이 얼마 전부터
결혼을 하겠다고 공언을 했다. 결혼이 무엇인지 드디어 감 잡은
것인가.

상대는 같은 반 예쁜 여학생이란다. 결혼을 결심하면서 제일 먼

저 한 일은 표를 만드는 일이었다. 녀석은 뭐든지 표로 만드는 강박증이 있다. 1에서 9999까지 들어가는 똑같은 표를 하루도 빠짐없이 매일 만들어 출력한 적도 있었다. 노래방에서 부를 노래, 그걸 부른 가수, 그 노래의 고유번호, 그 노래를 누가 부를 것인가 등을 만들어 매일 표를 뽑는다. 요번 해 7월 30일에 노래방을 가야겠다고 정하면, 마음먹은 날부터 하루도 빠짐없이 몇 장씩 표를 새로 만든다. 나는 녀석의 놀라운 기억력이 이런 강박에 기인한 건 아닌가 생각한다. 매일 똑같은 표를 만들어 뽑아서 그렇게 암기를 하는데 그 내용을 안 외우고 배기겠는가.

아무튼 녀석이 결혼에 관련된 표를 만들기 시작한 지 일 년이 넘어가는데, 내용이 참으로 가관이다. 신랑 신부의 이름, 300명에 이르는 결혼식 하객 명단, 결혼식 올릴 장소, 피로연의 자세한 식단, 신접살림 차릴 장소, 심지어 나중에 아이 낳을 병원과 아이 이름, 아이의 생년월일까지 적어 놓았다. "아무리 그래도 아기를 언제 낳을 건지 맞추긴 어렵지 않냐"고 했다가 아들한테 맞을 뻔했다. 녀석에겐 융통성을 찾기란 한강에서 사금 찾는 것만큼이나 어려운 일이니….

그런데 대형사고가 발생했다. 올해 들어와 그만 신부 이름이 바뀐 것이다. 300명 하객들은 그대로인데, 신부가 바뀌다니. 이전 여친은 그만 하객 중 하나로 내려앉고 말았다. ㅜㅜ 이게 웬일이래. "지인인 어떻게 하구…?"라고 물었더니 요즈음 등굣길에 만

나는 다른 학교 여학생이 더 예쁘다는 이유로 탈락했다는 것이다. 도둑놈 심보가 따로 없다.

그리고 또 하나 우스운 것은 '절대로 결혼식에 초대하지 말아야 할 사람 명단'이 있다는 것. 수업시간에 떠드는 아이, 이것저것 참견하는 어떤 누나, 걸핏하면 선생님한테 욕하는 친구 등등. 이 명단에 오른 친구는 현재 여섯 명인데, 점점 늘어나고 있다. 이를 어쩌나.

죽은 나무에 꽃이 피고 병풍 속의 닭이 우는 일이 생기면, 어느 날 저 아이를 지으신 이가 머리 뚜껑을 여시고 빠져 있는 부속품 몇 개를 집어넣고 느슨히 풀려 있는 나사 몇 개를 조여 평범한 청년으로 만들어 주신다면, 베니스 웨딩 뷔페가 아니라 호텔에서라도 결혼식을 올려 줄 텐데. 그 300명뿐 아니라 내 친구의 친구들까지도 초청해 초호화 피로연을 베풀어 줄 텐데, 영 요원한 꿈이다. 에이, 이니면 말라지. 이 아이를 데리고는, 결혼이란 꿈 말고 내가 상상할 수 없는 다른 꿈을 꾸어야 할지 모른다. 〈사운드 오브 뮤직〉에서 원장 수녀가 마리아 수녀에게 신은 한쪽 문을 닫으시면 다른 쪽 문을 여신다고 그랬던가. 난 그 말을 믿는 사람이니까.

애벌레에서

고치로

사랑, 그 놈

'자폐적'이란 단어의 뜻이 어떤 것인지 알고 싶은 분이 계시다면, 울 아들을 일주일간 기꺼이 빌려 드리리라. 머리만이 아니라 온몸의 세포로 제감하실 수 있을 터, 작가들에게서는 글이 쏟아져 나올 것이요 화가들은 영감을 받으실 터이다…. 데려가라 한 엄마는 욕을 잔뜩 먹을 테지만.

'자폐적'이라 함은 내게는 이를테면 이런 것이다. 아침에 라디오를 틀었더니 모차르트 소나타 K.310번 1악장이 흘러나온다. 아이들과 함께 본 애니메이션 〈피아노의 숲〉에 나오는 음악이라 반가워서 딸들과 함께 귀를 기울이고 있는데, 멀리 컴퓨터 앞에 앉아 있던 아들이 황급히 뛰어와 오프 버튼을 꾹 눌러 모차르트와 강제로 헤어지게 만들고 잠시 즐거웠던 마음을 야멸치게도 싹 걷어간다. 맛난 음식을 차려놓은 밥상 앞에서 친구들과 즐거운 점심식사를 하려고 숟가락을 드는데, 침입자가 쳐들어와 아무 설명도 없이 밥상을 뒤집어엎는 형국. 그게 바로 내게는 '자폐적'이란 말의 의미다. 그런 일을 하루에도 몇 번이고 겪으면, 마음은 점점 돌처럼 굳어지고 거북이가 껍데기 속에 들어가 버리듯 움츠리고 싶은 유혹에 시달리게 된다.

30년 가까이 KBS 1FM의 애청자로 살아왔는데, 어느 날 갑자기 그 채널을 빼앗겼다. 아들아이가 어느 날부터 내가 그 채널만 듣고 있으면 질풍처럼(다른 말로는 형용할 길이 없다) 달려와 라디오를 꺼버린다. 아들은 클래식 음악을 좋아하고 타 방송사는 어딜 틀어도 상관하지 않는데, 유독 이 채널만은 용납하지를 않는다. 처음에는 왜 그러느냐 물어도 보고 달래도 보고 호소도 해보았으며 야단도 쳐보고 심지어 위협도 해보았으나, 아무 소용이 없었다. 어떤 논리도, 상식도 통하지 않는 자폐의 세계. 아니, 그에게는 자기만의 이유가 있겠으나, 우리에게는 그 이유를 해독할 키워드가 주어져 있지 않다. 그의 문을 열고 그 세계로 들어갈 수 있는 열쇠를 갖고 있지 않은 데서 좌절이 시작된다. 마치 날 때부터 눈이 보이지 않는 사람과 함께 색에 대하여 말하고, 귀가 들리

 엄마는 오늘도 소금땅에 물 뿌리러 간다

지 않는 사람과 더불어 음악을 논하려 함과 같이.

'왜'라는 말을 해독하지 못하는 아이. 날 때부터 논리적 연관성과 공감을 관장하는 부분이 망가져 나왔으니 결코 그의 탓은 아니다. 하지만 식구들을 비롯해 옆 사람들이 겪는 '묻지 마 테러'는 크고 작은 앙심과 좌절들로 변하여 쌓여 가니, 그를 사랑하고 이해하는 과제는 늘 거대한 벼랑처럼 우리 앞에 버티고 서 있다.

이 벼랑과 저 벼랑으로 이어지는 다리를 놓을 수 있는 사람은 그럼에도 불구하고 또다시 사랑하기로 마음먹은 자다. 백전백패. 그래도 오늘 또 사랑하기로 마음먹고 덤벼들어야 이런 아이들을 키울 수가 있다. 간당간당 흔들리는 외줄다리라도 놓으려면…. 차라리 내가 새라면, 다리를 놓지 않아도 저쪽 벼랑으로 날아가 가뿐히 내려앉을 수 있으련만. 오기로 K.310번 소나타를 찾아내 틀어놓고 듣고 또 듣는다.

사람이 가장 적나라한 자신을 발견할 수 있는 장소는 '사랑'이라는 말 앞에서다. 내가 사랑하노라 자부하는 사람 앞에서다. 사랑하는 그 사람이 내게 어떤 반응을 돌려주느냐에 따라 하늘을 날 것 같은 기분을 맛보기도 하고, 뻘 속에 파묻히는 느낌을 맛보기도 한다. 내가 상대에게 사랑을 베풀고 친절한 말을 건네고 상냥한 미소를 보이며, 내가 줄 수 있는 모든 것을 줄 때, 나는 그를 사랑한다 생각한다.

그런데 상대가 그 사랑에 대해 희미하게라도 감사를 표시하지 않거나 관심조차 보이지 않을 때, 우리는 마음에 큰 상처를 받고 미움과 보복심을 키워가기 일쑤다. '내가 왜 이런 대우를 받아야 하나… 자기가 뭔데 감히.' 내가 사랑하는 만큼 나도 상대에게 사랑받아야 한다는 생각은 무의식 속에 아주 강력히 뿌리내리고 있다. '나는 아무 대가도 바라지 않아'라는 고상한 거짓말로 포장은 하고 있지만, 사랑을 돌려받기를 강렬히 바라는 것은 인지상정이다.

인정사정 봐주지 않는 아이의 행동으로 인해 마음에 스산한 황사바람이 불 때마다, 마치 물 한 방울 없고 풀 한 포기 나지 않는 땅에 서 있는 것 같다. 아, 내가 알고 있던 사랑은 얼마나 허약한 것인가. 100을 주면 10을 돌려줄까 말까 하는 아이를 키우며 늘 진실과 맞닥뜨린다. 쓰고 독해서 삼키기가 쉽지 않은 진실. 아이를 키우며 입는 마음의 상처란 결국 아이보다 나 자신을 더 사랑하는 데서 비롯된다는 진실. 사랑이라 생각한 많은 것들이 실제로는 자기애에 지나지 않았다는 것을 알 때, 황망하고 부끄럽다. '사랑에 대해 알아? 넌 실은 아무것도 몰라' 이렇게 일러주는 준엄한 꾸지람.

너나 할 것 없이 우리는 사랑에 무능하다. 부모라서 자식보다 더 나은가? 가끔 우리는 아이들이 내 뜻대로 움직이지 않는다 해서 아이들을 원수처럼 여기기도 하지 않는가. 하늘도 참 짓궂기도 하다. 왜 나를 이 '자폐적'이라는 단어 앞에 번번이 끌어다 놓는가. 내가 안다고 생각하는 것들을 철저히 무너뜨리기 위하여. 먼저 손 내미는 게 사랑이란 것을 가르치기 위하여. 설령 상대의 사랑의 무능으로 인해 내게 돌아올 몫이 없다 하여도.

아아, 어렵다. 얄밉기까지 하다. 한 대 때려 주고 싶다. 사랑, 그 놈.

거울 앞으로

저녁 밥상에서 이런 대화가 오간다.

"섭아, 오늘 하루 종일 뭘하고 지냈니?"

"글씨도 썼기 때문에."

"글씨를 썼어?"

"어른이 될 때까지. 나중에 생각하는."

"???"

"꿈꾸었던."

"…"

"결혼식 초청장이기 때문에."

"아, 그랬구나."

외계어도 아니고 외국어도 아니다. 엄연히 우리나라 말이다. 다만, 내 아들만의 문법일 뿐이다. 만 19해 동안 이런 말을 들으니 이젠 통밥으로 조금이나마 통역이 가능하게 되었다. 저 녀석이 한 말의 뜻은 대충 이렇다.

"결혼식 초청장을 쓰면서 지냈어요. 어른이 되면 꿈꾸던 결혼식을 할 거거든요."

이 정도면 아주 용한 통역이라 본다…. 그런데 아들아, 10년 뒤 결혼식 청첩장을 벌써 써놓다니, 너무 성질 급한 거 아니니?

자폐 성향으로 의사소통 장애를 지닌 아이와 함께 산다는 것은 때로 부모에게 가혹한 시험이다. 언어적 소통과 비언어적 소통, 둘 다 용이하지 않으니 내 의사를 아이에게 전달하기도 어렵고 아이 역시 자신의 의사를 나에게 전할 수 없어 고생스럽기에. 이 아이들에게는 몸짓이 결여되어 있다. 말에 억양도 없다. 문법도 파괴되어 있다. 추상적 개념을 이해할 수 없다. 인과관계를 이해하기 어렵다. '왜'라는 말의 뜻을 이해하지 못한다. 은유, 비유를 이해하지 못한다. 농담을 건네도 알아듣지 못하고 벌컥 화를 내곤 한다. 언어를 의사소통 수단으로 삼지 않고 놀이수단으로 삼곤 한다. 15년이 넘는 치료와 교육으로 상태가 많이 나아진 지금도 아이는 밤늦도록 방에서 혼잣말을 수없이 되풀이하며 논다. 텔레비전에서 본 재미있는 장면―〈개그콘서트〉니 〈동물농장〉이니—에서 나온 우스운 멘트를 수십 번 되풀이하는 것이다.

그와 나눌 수 있는 대화는 아주 단편적이고 한정적이다.

"배고파요."

"밥 있는데… 계란 프라이해서 줄까?"

"감자."

"감자볶음?"

"아뇨."

"감자볶음 싫어? (감자국도, 감자조림도 안 먹는 놈이니 뭘 해달라는 건지 한참 생각한다) 엄마가 뭘 주면 좋겠어?"

"… 감자랑 햄 볶음밥이 없어요."

'그러니까 결국, 그 볶음밥을 해달라는 것이군.'

이 정도면 아주 양호한 편이다. 생존에 꼭 필요한 말, 교통비 없다는 말, 좋아하는 여자 친구를 못 봐서 서운하다는 말, 선생님 결혼식에 가야 하니 구두 사달라는 말—이런 말 외에는 나눌 수 있는 말이 없다. 아들과 시니 철학이니 음악이니, 형이상학이나 시사 문제, 인생 문제를 두고 이야기를 나눌 수도 없고 나누어 본 적도 없다. 그나마 크게 나아진 게 그렇다.

가끔 딸아이들이 불평을 한다.

"엄마, 옆집 엄마는 왜 그렇게 욕실에서 아이들을 쥐 잡듯이 잡는대요? 신경질이 너무 심한 것 같아."

 엄마는 오늘도 소금땅에 물 뿌리러 간다

“사는 게 힘든가 보다.”

“그래도 그렇지, 아이들이 뭘 안다고.”

“너희들이 엄마가 되어 봐. 아이들을 키우는 게 얼마나 힘든지.”

그렇게 대꾸해 놓고 회한에 잠기곤 한다. 아이들을 키우면서 얼마나 많은 잘못을 저질렀던가. 특히나 아들이 자폐 스펙트럼 안에 있다는 진단을 받은 뒤 10년 넘게, 하루하루는 마치 전쟁터와 같았다. ‘세계 자폐인의 날’ 한 방송사 보도를 보니, 자폐아 부모는 마치 전시 군인 혹은 2차 대전 당시 유대인 수용소에 있었던 사람들만큼이나 크나큰 스트레스를 날마다 받는다고 한다. 금강석으로 만들어진 벽에 매일 부딪쳐 산산이 부서지는 느낌이라고 해야 할까. 말이 통하지 않고 이해할 수도 없는 것에 좌절감을 이기지 못해 말도 알아듣지 못하는 아이의 뺨을 때리는 등 손찌검을 한 날들도 있다. 너무 지쳐 살기 싫다는 생각에 사로잡혀 지낸 나날들. 매일 복도가 떠나가라 소리를 지르고 드잡이를 하고 머리끝까지 아드레날린이 치솟아 마음 추스르는 데만 하루가 다 가던 나날들. 집은 엉망으로 어질러져 가끔 찾아오는 우유 배달원이나 이웃들이 ‘정신 출장 보냈느냐’ 비아냥거리던 나날들. 하루는 옆집 엄마가 넌지시 이런 말을 건네기도 했다.

“매일 그렇게 아이랑 싸우고 울고… 힘들어서 어찌 살아요.”

“…”

그때만 해도 나 자신의 아픔, 나 자신의 좌절에만 사로잡혀 아이의 고독, 아이의 어려움을 살피지 못했다. 자폐인으로서 책을 써낸 템플 그랜딘의 책을 읽고 나서야 자폐인들의 고독을 절절하게 느꼈다. 2천 명 중에 하나 꼴이라는 자폐인들. 다른 사람들의 사고방식을 이해할 수도 없고 자기 말을 알아들을 수도 없는 사람들에 둘러싸여 평생 외계 은하에 불시착한 듯 고독하고 불편하게 지내는 그이들의 심정을 헤아려 볼 생각을 해보지 못한 것이다. 심지어 부모라는 사람이 말이다.

'말'은 무엇 때문에 필요한 것일까. 나는 무엇 때문에 아이와 의사소통하기를 그토록 간절히 원했을까. 생각해 보니 아이가 말을 못하고 알아듣지 못하는 것 때문에 그토록 낙심하고 힘들어했던 거다. 내가 불편해서였다. 하나부터 백까지 내 맘대로 되는 게 하나도 없어서였다. 그 어떤 상식도 아이를 키우는 데 도움이 되지 않았다. 내 아이를 키우는 데 있어 나는 아이와 조금도 다르지 않은 연약한 존재였다. 그 사실을 맞닥뜨리는 게 싫었던 것이다. 부끄럽지만 이제야 깨닫는다. 언어라는 도구로 아이를 조작하고 내 권력 의지를 아이에게 관철시킬 수 없어서였다.

물론 아이와 공감하고 아이를 이해하고 가르치는 데 말이란 꼭 필요한 도구였다. 하지만 아이가 내 마음대로 움직여 주지 않는 것에 가장 큰 어려움과 좌절을 느꼈던 것이 사실이다. 아이의 고통, 아이의 고독 때문에 슬퍼하거나 아파하지 못하고… 그렇게

 엄마는 오늘도 소금땅에 물 뿌리러 간다

나는 못난 엄마였다. 장애, 가난, 결핍 등은 그것을 경험하고 있는 사람을 벌거벗겨 거울 앞에 가차없이 끌어다 놓는다. 그는 자신의 일그러진 얼굴, 추한 모습을 싫어도 보지 않을 수가 없다. 내 아이는 나를 엄중하게도 꼬박꼬박 거울 앞으로 데려다 세운다.

가난한 이들(내 생각엔 물질뿐 아니라 삶에 꼭 필요한 것들이 결여된 사람들—자유, 건강, 인권 등)은 우리의 한계와 어두운 부분들과 근본적인 궁핍함을 보게 합니다. 그것이 그토록 자주 우리가 그들을 무시하고 배척하고 가두려는 이유입니다. 그 결과 우리는 우리 자신을 외면하게 되며, 우리가 얼마나 사랑받고 있는지를 그들이 우리에게 드러내 보이지 못하도록 만듭니다.

—장 바니에, 《희망의 사람들 라르슈》에서

장 바니에 선생의 말이 단 한 군데도 그른 데가 없다.

누이들에게 꽃을

내게는 아버지가 여러 분 계시다. 나를 낳아 주신 아버지, 결혼을 하여 아버지가 되신 아버지, 내 믿음의 대상인 하늘 아버지. 게다가 주위 사람들에게 우스갯소리로 하는 말이 있다.

"제가 복이 많아서 집에서 아버님을 세 분이나 모시고 있어요."

"예에? 아버님을 세 분이나?"

"'어린이는 어른의 아버지'라고 워즈워스가 말했잖아요. 자식이 셋이니 아버님도 셋이죠. 하하."

하루는 의정부로 달리고 있는 차 안에서 큰아이에게 물었다.

"여태까지 동생 때문에 엄마 아빠에게 서운했던 적이 있으면 말해 봐, 듣고 싶어."

평상시에는 늘 명랑하고 말도 거침없이 잘하는 아이가 갑자기 입을 꾹 다문다. 일단 얘기를 시작하면 울컥, 눈물이 날 것 같아서 말을 못하겠단다. 그래도 말해 봐, 몇 번 부추기다가 한 걸음 물러섰다. 할 얘기, 하고 싶은 얘기, 가슴에 맺힌 얘기가 너무 많으면 오히려 말이 안 나오는 법. 컵에 물이 가득 담겨 있을 때, 물방울 하나만 더해도 주르륵 흘러넘친다. 큰아이 가슴에도 눈물이 찰랑찰랑 가득 고여 있는가 보다. 물방울 하나 더하는 게 두려운 게로구나. 그렇구나, 그렇구나.

장애아의 형제자매들에 대해서는 따로 책이나 논문이 나올 만큼 여러 가지 연구들이 진행되고 있는 것으로 안다. 자신의 배로 낳은 아이니 부족하다 하여 늘 나무라거나 외면할 수 없는 부모의 입장과 형제자매의 입장은 좀 다르다. 아이들에게 골고루 나누어져야 할 돌봄과 배려가 어쩔 수 없는 사정으로 인해 한쪽으로 치우칠 수밖에 없을 때, '사랑을 너 받았어야 했다'고 느끼는 또 다른 아이들의 심정은 과연 어떤 것일까.

이제 막 어린애 티를 벗은 사람이 연년생으로 아이를 낳아 온통 실수를 저지르며 길렀다. 그리고 아이들이 어린이집에 맡겨도 되겠다 싶을 정도로 자랐을 때 둘째인 아들에게 장애가 있다는 사실을 알았다. 자폐 증상이 본격적으로 드러나는 것은 만 두 살 무렵이라 한다. 집에서는 별 문제점을 발견할 수 없었는데, 어린이

집에서 처음으로 사회생활을 해보니 여러 가지 심각한 문제점이 드러났다. 그때까지 이어져 온 모든 평온한 일상이 갑자기 무너져 내리고, 아들의 치료와 교육이 최우선 순위를 차지하게 되면서 삐걱삐걱 소음을 내며 생활이 재편되었다.

우리 가족은 그리 경사가 심하지 않은 언덕과 평원을 차를 타고 지나다가 돌연 험한 산에 가로막혔다. 지도도 나침반도, 길잡이도 없고 맨손으로 바위산을 넘어야 하는 시간이었다. 엄마도, 아빠도, 당사자인 아들도, 그리고 겨우 한 살 위인 누나도 고달픈 산행을 하게 된 동반자였다.

집에 특별한 아이가 있을 경우에 다른 아이가 소외감을 느끼는 일이 생기는 건 당연한 일이다. 늘 큰애에게 마음을 썼지만 억울한 일이 왜 없었겠는가. 게다가 사회성이 결핍된 장애라니, 말이 통하지 않는 동생과 함께하는 삶이 나이 어린 누나에게 얼마나 쉽지 않았을까. 늘 지쳐 있던 나는 무척이나 똘똘하고 명랑하고 자기 주장이 강한 딸애에게 많은 일에서 웬만하면 결정권을 주었다. 알아서 하라는 말과 함께. 그게 얼마나 버거운 짐으로 느껴졌을까. 이제 와 생각해 보니 불필요하게 많은 짐을 아이에게 지웠다 싶어 마음이 저린다.

게다가 병원에, 조기교실에 데리고 다니느라 엄마 손은 늘 남동생 차지였다. 너무 이른 나이에 본의 아니게 혼자 걸을 것을 강요받을 수밖에 없었던 딸아이. 남동생에 이어 여동생까지 보게 되

                        엄마는 오늘도 소금땅에 물 뿌리러 간다

어 손 잡을 기회는 더 드물어졌다…. 이제 손을 잡고 걸었던 게 언제였던가 기억도 까마득하여 더 슬픈 내 아이.

아들이 아홉 살 나던 해, 셋째를 낳았다. 자폐아의 경우 같은 자폐아 형제가 태어날 확률이 6~7퍼센트에 이른다. 또다시 아이를 가진 것을 알았을 때 맨 처음 든 감정은 두려움이었다.

'또다시 장애아를 낳으면 어쩌나.'

며칠 동안은 온통 두려움에 휩싸여 있다가, 무슨 배짱인지 마음이 착 가라앉는 걸 느꼈다.

'만에 하나 또다시 자폐 성향이 있는 애를 낳는다 해도, 난 키울 수 있어. 괜찮을 거야.'

몇 달 뒤 태어난 아이는 나를 닮아 웃을 때 보조개가 쏙 파이는 예쁜 딸이었다. 환영한다, 우리집 에베레스트 등정 캠프에 합류한 것을.

미우니 고우니, 늘 제멋대로인 오라비와 싸우기도 엄청 싸우고 속상해하는 일도 많지만, 아들에게는 두 누이가 가장 큰 아군이다. 동생을 등 뒤에서 깔보고 조롱했다고 해서 분을 참지 못하고 놀린 아이들을 찾아 때려 주겠다며 한동안 놀이터에 버티고 섰던 누나. 오빠의 사랑을 받지 못하고 허구한 날 들볶이는 바람에 마음 한구석이 늘 허전하고 앙금이 남아도, 막상 누가 오빠에게 싫은 소리 하는 건 못 참겠다는 여동생. 오라비를 부끄러워하지 않고 숨기지도 않는 누이들. 그리하여 또 다른 약한 사람들에게 나아가는 누이들. 이제 어엿하게 잘 자라면서 엄마에게 도전과 깨달음을 주는 아이들. 그래서 어린이는 어른의 아버지 맞다. 아니, 딸들이니 어머니인가?^^

어느 날 저녁 밥상에서 막내가 늘 일방통행으로만 의견을 관철시키려는 제 오라비의 우격다짐에 불평을 늘어놓았다. 그런 막내가 안쓰러우면서도 이렇게 타일렀다.

"다툼이나 논쟁은 상대가 너와 동일한 조건을 갖췄다는 전제하에서 가능한 것인데, 오빠는 말이 통하지 않는다는 점에서 한 수 접어 줘야 하니… 어렵겠지만 오빠가 애기라고 생각하고 네가 이해해 주려무나."

아이는 짜증을 전부 삭이지는 못하는 눈치였으나 어쨌든 수긍하며 고개를 끄덕여 주었다.

밤은 깊어가는데 아들이 또다시 막무가내로 우기기 대마왕 신공을 발휘해 주신다. 이번에는 내가 속이 상해 집을 훌쩍 나서서 가게로 걸음을 옮기는데 막내가 같이 가자 따라 나섰다. 컴컴한 길, 가로등 불빛을 의지해 걷는데 꼬맹이가 손을 꼭 잡으며 속삭인다.

"엄마, 오빠 때문에 속 상하면 날 둘째라고 생각해요. 오빠는 덩치만 컸지 애기잖아."

내 입으로 아이에게 그런 말 했을 땐 몰랐는데, 아이 입으로 메

　엄마는 오늘도 소금땅에 물 뿌리러 간다

아리인 양 똑같은 말을 들으니 마음이 묵직해져 온다. 아이는 자기가 외모에 신경 쓰는 걸로 보나 까닭 없이 짜증과 우울함이 밀려오는 걸로 보나 사춘기 같다며 재잘재잘 수다를 떤다. 그러면서 확실한 스트레스 제조기가 집에 계신데 어찌 힘들지 않겠느냐 질문한다. 막내의 답답한 심정을 이해하고 나도 고개를 끄덕여 주었다. 그리고 굳이 토를 달지는 않고 속으로만 이렇게 덧붙였다.

'때로 식구들을 힘들게 하고 괴롭히는 오라비의 존재가, 슬픔만은 아니요 축복이기도 하다는 걸 아는 날, 넌 인생의 신비를 알게 될 거야⋯.'

부끄러운 고백 하나

　교회에서 같은 또래 엄마들끼리 교제하고 나서 같이 기도할 제목들을 내놓아 보라고 하면 으레 나오는 것이 '아이들이 사춘기를 잘 지났으면…' 하는 바람이다. 한 엄마가 아이 때문에 겪고 있는 고초를 눈물 글썽이며 호소하면, 다른 엄마들도 뒤질세라 연쇄적으로 탄식과 낙담한 마음을 쏟아놓기 바쁘다. 그러면서 한결같이 이르는 결론은, 요맘때 아이들은 바로 외계인이라는 것이다. 서로 소통 못할 존재라는, 한숨과 울분 섞인 결론.

　나도 한때 그런 느낌에 강하게 사로잡힌 적이 있다. 명랑하고 순한 딸애가 초등학교 고학년이 되면서 갑자기 귀를 뚫어 달라는 둥, 이젠 더 이상 엄마가 골라 주는 옷은 안 입겠다는 둥 외모에 신경을 쓰더니 중학교로 올라가면서부터는 몰래 화장을 하지 않나, 연락도 없이 저녁 늦게 들어오지 않나, 뭐든 자기 맘대로 하려 드는 딸이 되어 갔다. 그중에서도 제일 힘들었던 건 공부에 전혀 관심이 없었던 것이다.

말 잘 듣는 마마걸로서 한결같은 우등생이었던 엄마와 어렵게 공부해서 대학에 진학한 아빠는 딸의 그런 태도를 도무지 받아 들이기 힘들었다. 둘째 아이는 나면서부터 의사 소통 장애를 지니고 나왔으니 마음을 애초에 접었다 쳐도, 심신이 말짱한 아이와 말이 전혀 통하지 않는 그 막막함이란 겪어 보지 않은 사람은 알 수 없을 것이다. 딸아이의 중학교 1, 2학년은 그리하여 아이와 부모의 팽팽한 줄다리기로 하얗게 소진되어 갔고, 패배자는 언제나 강가로 말을 끌고 가도 물을 억지로 먹일 수 없는 부모 쪽이었다.

그렇게 몇 번의 계절이 바뀌고 나서 심신이 지칠 대로 지친 어느 날, 딸애는 또다시 내가 상상도 못할 점수가 실린 성적표를 들고 왔다. 그 점수도 기함할 노릇이었지만, 아이가 자신의 성적에 아무런 느낌도, 반성도 없다는 것이 더 약오르고 기가 막혔다. 분하거나 슬퍼해야 하는 것 아닌가. 영특하고 재주 많은 아이인데, 어째서 저리도 생각이 없는 걸까. 미래에 대한 꿈도 야망도 없다니, 뭐가 되려고 저러나. 참다 못한 나는 아이에게 버럭 고함을 질렀다.

"이런 걸 점수라고 들고 왔니? 한심하다. 계속 그런 식으로 해라. 그러다 나중에 호떡 장수밖에 못 되어도 난 모른다."

그러고는 불현듯 내가 무슨 말을 했는지 깨닫고는 소스라치게 놀라, 방으로 뛰어들어가 한 시간 넘게 엉엉 울어 버렸다.

아이들의 사춘기란 부모에게 어떤 의미일까. 부모는 겉으로 보기에는 맑은 물이 흐르는 것 같다가도 막대기로 휘저으면 바닥에 가라앉아 있던 불순물이 온통 떠올라 오는 강이다. 아이와 사사건건 부딪치며 나는 나의 추악한 면을 싫도록 마주보아야 했다. 사춘기 아이는 들쑤시는 막대기이며, 수면은 물론 바닥까지 뒤흔들어 놓는 질풍이다. 호떡 장수라니. 스스로를 의로운 사람인 양 착각하고 있던 내가 사실은 속물이란 것, 나의 강자 지향, 중산층적 삶에 대한 당연시, 가난한 사람들에 대한 멸시, 자기 기만에 빠져 있었음을 깨달은 충격과 아이에게 본을 보이지 못하고 있다는 허탈감. 그것들을 마주함은 괴로움이면서 동시에 축복이었다. 그날은 내가 부모로서 다시 태어난 날이었다.

아이들을 괴물이라 부르지 말자. 우리 부모들은 새끼 고질라를 낳은 대왕 고질라들인 것이다. 아이들이 학습한 많은 욕망들은 실은 우리가 가르쳐 준 것이며, 굳이 누가 더 욕심이 많고 더러운가 비교해 보자면 부모 쪽이 더 심한 것이 사실 아닌가. 아이들을 외계인이라 부르지도 말자. 그 나이 아이들이 몹시도 제멋대로인 건 사실이지만, 그것은 동시에 부모가 바뀌어야 한다는 신호이기도 하다. 아이가 어릴 적에는 생물학적 욕구를 충족시켜 주고 익애와 관심과 보호를 제공하는 것으로 충분했다면, 사춘기 아이들은 그것만으로는 만족할 수 없다. 그 아이들은 인격적으로 동등한 대우와 존중을 원하며 혼란스런 삶 속에서 가닥을 잡아 나가게 해줄 길잡이와 친구를 원한다.

많은 부모가 아이들에게 쏟아붓는, 사랑이라 이름 붙였으나 사실은 폭력과 강요의 죄들을 어찌 속죄할 수 있을까.

옷 복

내가 어떤 머리 모양을 하고 어떤 옷을 입는가를
스스로 결정하고 존중받는 데서부터
한 개인의 자유와 인권의 개념이
형성되는 건 아닐까.

"나 그 옷 싫어. 안 입고 갈래."

"왜? 너한테 잘 어울리는데…. 다림질까지 해놨는데 입고 가아."

"다른 옷 입고 갈래."

예쁜 트로피칼 풍 원피스를 몇 주 전부터 권했는데 싫다며 고개를 내젓더니 막내는 결국 낡아빠진 다른 원피스를 입고 등교했다. 막내의 옷 고르는 안목이 못마땅하기는 하나, 내 취향 내 안목을 강요하는 건 옳지 않다 싶어 오늘도 꾹 참는다.

사람마다 타고나는 복이 있다고들 하는데, 막내의 경우에는 그게 '옷 복'이다. 만 11년 가까이 내가 사준 옷이 거의 없다. 부탁도

하지 않았는데 친구의 친구, 이웃의 이웃 등 모르는 사람에게서까지 옷이 쏟아져 들어와 여태까지 마음껏 좋은 옷을 입히는 사치를 누렸다. 물론 다 물려받은 옷이지만, 내 돈 주고 사라면 절대 사 입힐 수 없는 고급 옷들도 많아서 아쉬움이 없었고, 너무 많아서 다른 사람들에게 나누어 줘야 할 지경이었다. 이제는 고학년이 되어 옷이 좀 덜 들어오기는 하지만, 그래도 여름 한철 나기에 수량이든 품질이든 부족함이 없다. 문제는, 더 이상 그 좋은 옷들을 내 맘대로 입힐 수 없다는 것뿐이다.

제 언니는 고학년이 되면서야 자기 옷은 자기가 고른다며 주장을 내세웠는데, 막내는 네 살 때부터 자기가 입을 옷은 자기가 직접 골랐다. 그래도 어릴 적에는 이거 입자, 하면 고분고분 따르는 편이었는데 이제는 어림도 없다. 생김새도 아주 여성스러워 드레시한 옷이 캐주얼보다 더 잘 어울리는데, 아이는 이제 공주풍 옷은 사절이라 한다. 언니는 선택의 폭도 좁았고 첫째의 특성상 엄마의 영향력에서 벗어나는 게 좀 늦었는지도 모르지만, 어쨌든 사춘기가 되면서 엄마의 취향과 선혀 다른 쪽으로 독립했다. 그리고 이제 나는 둘째 딸의 독립을 막 목격하고 있는 참이다….

몹시도 부끄러운 이야기 하나. 나는 결혼할 때까지 스스로 옷을 사 입은 적이 거의 없다. 머리도 항상 엄마와 미용실에 같이 가서 엄마 지시대로 했다. 자기 주장을 할 줄 모르는 아이였던 것이다. 또 어릴 적에는 괴이하게도 겉치장에 신경 쓰는 건 속물이나 하는 짓이라고 생각했으며, 한창 멋 부릴 나이에는 집안 사정이 너무 좋지 않아 몸치장은 사치라고 생각하면서 고운 나이인 십대와 이십대를 칙칙하게 흘려 보냈다. 그러니 회사에 다니면서 옷을 사 입을 수 있게 되었을 때 옷 고르는 눈이 없어 고생한 것은 물론이다. 게다가 옷을 사올 때마다 들어야 하는 부모님의 평가가 참으로 부담스럽고 버거웠다. 그래서 늘 나의 겉모양새는 엄마의 취향에 어느 정도 부합해 있었다.

그렇게 자랐으니 큰애가 고등학생이던 어느 날 "이제부터 내 옷은 내가 사겠으니 옷값을 달라"고 말했을 때 솔직히 깜짝 놀랐다. 어떻게 엄마에게 그런 말을…. 그러나 그애가 옳고 내 생각이 짧은 거였다. 내가 어떤 머리 모양을 하고 어떤 옷을 입는가를 스스로 결정하고 존중받는 데서부터 한 개인의 자유와 인권의 개념이 형성되는 건 아닐까.

나는 소위 교복 자율화 시대에 고등학교를 다녔다. 그 3년 동안 학교에서 가장 많이 들은 말은, "너희 학년 애들은 교복을 안 입어서 규율이 흐트러졌고 정신 상태가 해이하다"는 말이었다. 선생님들은 고심 끝에 우리에게 3년 내내 등교 직후 체육복을 입혔다. 우리는 여름에는 흰 체육복, 겨울에는 남색 체육복을 입고 학교생활을 해야 했다. 운동장 조회 시간에 체육 선생님이 줄지어 서 있는 아이들 곁을 오락가락 하며 색깔이 조금이라도 들어간

     엄마는 오늘도 소금땅에 물 뿌리러 간다

머리끈은 모조리 풀어서 가져갔던 기억, 그것은 일말의 의심도 없이 권위에 철저히 복종하며 자란 나처럼 개념 없는 아이도 가슴속 깊은 곳에서 '이건 뭔가 잘못된 거야' 하는 의아심과 반항심이 들게 하는 데 충분한 광경이었다.

그 후로 이십몇 년이 흘러 큰 딸이 어느 날 교실로 선생님들이 두발 단속을 한다며 가위 들고 들이닥쳤다는 말을 하며 울분을 토할 때 '세월은 지났지만 학교 현장엔 획일성과 인권침해가 여전하다'는 생각에 씁쓸했었다. 그래서 그런지 나는 학생들의 두발 자유화를 찬성하는 쪽이다. 염색을 한다거나 머리를 민다고 해서 문제 학생이 되는 건 아니다. 오히려 그런 틀로 학생들을, 아이들을 조종하려고 드는 어른들의 심사가 전체주의적 발상이라는 생각이 들 뿐이다.

자기 마음에 드는 옷을 골라 입는 것은 개성의 발현이 시작되는 지점이요, 맘에 드는 옷을 제 손으로 사 입는 것은 거창하게 말하자면 부모로부터 정신적으로나 물질적으로 어느 정도 독립한다는 의미라고 생각한다. 아이의 취향을 존중해 주고 아이를 독립적인 인간으로 키우는 일은 아침에 옷 입을 때 "엄마가 골라 주는 걸로 입어"라는 말을 꾹 참는 데서 시작되는 일인지도 모르겠다.

젖을 주는 엄마, 꿀을 주는 엄마

중학교 3학년 때 석 달간 친구 언니에게 바이엘 과정을 배운 후 학업, 취업, 결혼에 육아까지, 분주한 삶에 서른이 될 때까지 피아노를 한 번도 만져 보지 못했다. 15년 만에 다시 칠 시간이 났다. 회사는 문을 닫았고 아이는 장애 판정을 받아 온종일 조기교실에 데려다 놓아야 해서 역설적으로 생긴 시간이었다.

피아노도 자전거처럼 일단 배워 놓으면, 아무리 오랜 시간이 지나더라도 며칠만 치면 봄의 기억이 되살아나기에, 금세 체르니 과정으로 들어갈 수 있었다. 그 즈음은 마음이 매우 메마르고 절박한 시기였으므로, 숨통을 틔울 수 있는 무언가가 간절히 필요했던 것 같다. "엄마가 요즘 피아노 치러 다녀요"라는 큰애의 말에 어떤 어르신께서는 "네 엄마가 미쳤는갑다" 하셨다지만.

배운 지 몇 달 안 되어 IMF 사태가 일어나는 바람에 또다시 일시 정지, 대체 내게 피아노 배울 시간은 주어질 것인가, 한심하기도 했었다. 바위투성이 광야 같은 십몇 년을 건너 다시 내게 찾아온 조용한 시간들. 잠시 숨을 고를 시간인지 아니면 이 평온함이 계속 이어질지는 나도 모르겠지만, 다시 피아노를 배울 수 있는 이 시간들이 참으로 감사하다. 피아노 교실 창문으로 들여다보이는 교습생들 중 숱이 적어진 흰 머리에 캡을 쓰고 오시는 할아버지 두 분. 이제 〈징글벨〉이니 서너 살짜리 아이들이 부르는 〈산토끼〉니 동요들을 치고 계시는데, 일견 나이 먹어서 '미친 짓'을 하고 계시는 그분들이 그렇게 사랑스러울 수가 없다.

분명 쉽지 않았을 인생길을 걷고 걸어서 이제야 바이엘을 더듬더듬 배우고 계신 아버지들의 등을 보니 눈물이 났다….

발달장애아 부모를 위한 프로그램에서 배운 내용들은 이제 거의 기억에 남아 있지 않다. 강렬하게 마음에 남은 말은 이것뿐이다.

"여기 오신 엄마 아빠들께 말씀드립니다. 부모님들 스스로 즐거움과 행복을 찾으셔야 합니다. 그래야만 우리 아이들을 키울 수 있어요. 지치고 낙담하면 이 일 못합니다. 엄마 아빠가 행복하고 기운차야만 이 아이들을 감당할 수 있어요. 여러분이 행복하지 않으면 여러분의 아이들도 행복해질 수 없습니다. 행복한 일들을 찾으려고 노력하세요. 재미나게 사세요. 말도 안 되는 얘기처럼 들릴 수도 있겠지만…. 꼭 명심하시기 바랍니다.”

이렇게 힘들고 어려운 일을 당한 판국에 무슨 행복이란 말인가? 모순과 역설을 담은 그 말은 그러나 내 마음을 총알처럼 뚫고 들어왔다. ‘여러분이 행복하지 않으면 여러분의 아이들도 행복해질 수 없습니다….’

발달장애가 있는 아이를 포함해 세 아이를 어느 시기까지는 혼신의 힘을 다해 키워 왔다. 좋은 부모가 되려고 안간힘을 다했다. 위의 두 아이가 스무 살이 넘은 지금, 생각해 보면 부끄러웠던 일 투성이다. 내가 알고 있는 좋은 것들을 아이들에게 알려 주고 따르게 하려고 얼마나 애를 썼던가. 그러나 억지로 되는 일은 아무것도 없었다. 말을 물가로 끌고 가도 억지로 물을 마시게 할 수는 없다. 고양이처럼 작은 생물도 강제로 먹이를 먹게 할 수 없다. 배가 고프지 않으면 사료 한 알갱이조차 입에 대려 하지 않는데, 하물며 사람은 말할 것도 없다.

에리히 프롬은 그의 유명한 저서 《사랑의 기술》 중 ‘모성애’ 편에서, ‘젖을 주는 엄마와 꿀을 주는 엄마’에 대해 언급했다.

젖은 사랑의 첫 번째 측면, 즉 긍정과 보호를 나타내는 상징이다. 꿀은 인생의 감미, 삶에 대한 사랑, 살아 있다는 행복감을 상징한다.

 엄마는 오늘도 소금땅에 물 뿌리러 간다

대부분의 어머니들은 젖을 줄 수 있지만, 꿀까지 줄 수 있는 어머니는 매우 드물다. 꿀을 주기 위해서는 어머니 자신이 좋은 어머니여야 할 뿐만 아니라 행복한 사람이어야 한다. 이것을 이룬 사람은 그리 많지 않다. 아이에게 미치는 영향은 대부분 과장될 수 없다. 생명에 대한 어머니의 사랑은 자신의 불안과 마찬가지로 타인에게 전달되기 쉽다. 이 두 태도는 어린아이의 모든 퍼스낼리티에 깊은 영향을 미친다. 우리는 '젖'만 받은 아이와 '젖과 꿀'을 받은 어린아이를 구별할 수 있다.

아이들이 태어나 우선 가장 시급히 필요로 하는 것은 젖이다. 젖이 없으면 목숨을 부지할 수 없기 때문이다. 그래서 에리히 프롬은 아이의 생명을 유지하고 보호하는 엄마의 책무를 '젖'에 비교했다. 그런데 아이가 차차 성장하면서, 젖만으로는 부족함을 알게 된다. 아이에게는 삶에 대한 사랑이 필요하다는 것이다. 아이가 삶을 대하는 태도는 엄마 자신이 지닌 생에 대한 태도에서 크게 영향을 받는다. 엄마가 천둥이나 뱀을 무서워히면 아이 역시 학습과 각인에 의해 그런 것들을 무서워하기 십상이다. 인생을 밝고 힘차게 살아가는 부모 슬하에서 아이들은 '이 세상은 참 좋은 곳이다, 한번 살아볼 만한 곳이구나' 하는 생각을 하게 된다. 행복하고 기쁘게 살아가는 엄마는 그러므로 아이에게 젖뿐 아니라 '꿀'을 주는 엄마라고 에리히 프롬은 힘주어 말하고 있다.

내가 할 수 있는 일은 온전한 나 자신, 행복한 나 자신으로 존재하는 일뿐임을 아이들을 키우며 깨달았다. 엄마가 책을 좋아하면 아이들도 대부분 좋아한다. 음악을 좋아하면 아이들도 대부분 좋아한다. 엄마가 클래식을 좋아할 때 큰애는 재즈를, 막내는 가요를 좀더 좋아하는 게 다를 뿐이다. 내가 행복할 때 아이들을 닦달하거나 괴롭히지 않는다. 아빠가 매사를 긍정적으로 받아들이면 아이들도 매사를 긍정적으로 받아들이곤 한다. 엄마 아빠가 생을 사랑하고 긍정할 때 아이들은 불필요한 불안감을 느끼지 않고 자신감을 얻게 된다. 모험을 하려 들며 탐색을 하려 한다. 자신을 의심하지 않고 다른 사람에게 손을 내밀게 된다. 그러므로 부모가 할 수 있는 일은 부모의 행복한 삶을 아이에게 보여 주는 일뿐이다. 훈계도 교육도 한계가 있을 수밖에 없으므로. 받을 만한 그릇이 되지 않은 한 그 말들은 그릇 바깥으로 넘치고 말기 때문이다.

조금은 이기적으로 보일지라도, 모든 행복한 순간을 위해 아이들에게만 투자하지 말고 엄마 아빠 자신에게도 아낌없이 투자해야 한다. 시간이건 돈이건 힘이건 간에. 사진을 찍으러 다닌다든지, 피아노를 배운다든지, 마라톤을 한다든지. 다른 사람들이 '그 나이에 그런 건 해서 뭘 해. 시간 낭비 돈 낭비지'라고 비아냥대건 말건, 내가 행복해할 수 있는 일이라면 무엇이든 시도해 보는 것이 좋다. 그것이 내 아이도 같이 행복해질 수 있는 길이니.

이것이 비단 부모자녀 사이만의 일뿐이겠는가. 부부 사이도, 친구 사이도 그러하다. 다른 사람의 감정을 강제하는 것은 불가능하다. 아이들의 진로는 부모가 마음먹은 대로 굴러가지 않는다. 나는 그저 나로 존재할 수 있을 뿐이다. 내가 꽃이라면 친구들은 향기를 맡으러 다가올 것이고, 별이라면 그리움으로 바라볼 것이다. 물이라면 목을 축이러 혹은 발을 담그러 올 것이고, 산이라면 도전하러 올 것이다. 나의 온전한 나 됨, 행복한 나 됨, 이것만이 내 곁에 있는 사람들에게 내가 줄 수 있는 으뜸가는 선물일 것이다. 사랑하면 닮는다.

사람은 무엇으로 사는가

평상시에는 미래에 대해 그리 큰 염려를 하지 않고 사는 낙천가인데, 어째서 그날 그런 걱정을 하게 되었는지 모르겠다. 친구와 이야기를 나누다가 내 입에서 문득 이런 말이 튀어나왔다.

"혹시 우리 가족에게 무슨 일이 생겨서 나도 남편도 죽고 아들 혼자 남겨지면… 그때는 어쩐담."

친구는 내 얼굴을 물끄러미 쳐다보더니 딱 잘라 말했다.

"걱정 마. 내가 돌봐 줄 테니, 넌 그런 걱정 안 해도 돼."

"…"

'내가 싱거운 말을 했구나.'

  엄마는 오늘도 소금땅에 물 뿌리러 간다

톨스토이가 민담을 바탕으로 쓴 소설《사람은 무엇으로 사는가》에 나오는 한 산모는 쌍둥이를 낳은 날 자신의 영혼을 거두러 온 천사에게 흐느끼며 호소한다.

"천사여, 아이들 아빠는 며칠 전 나무에 깔려 죽고 말았습니다. 제게는 형제자매도, 친척도, 조부모도 없습니다. 이 아이들을 거두어 줄 사람이 없으니 제발 제 영혼을 거두어 가지 말아 주십시오. 이 아이들을 제 손으로 키우게 해주십시오! 어린아이는 부모 없이는 살지 못합니다."

여인을 딱하게 여긴 천사는 하나님의 명령을 차마 받들 수 없어 빈손으로 돌아가서는 여인의 사정을 하나님께 아뢴다. 명령을 어긴 천사는 지상으로 추락하며, 세 가지 질문에 대한 답을 얻어야만 하늘로 돌아올 수 있다는 말씀을 듣는다. '사람의 내부에는 무엇이 있는가? 인간에게 허락되지 않은 것은 무엇인가? 사람은 무엇으로 사는가?'

구두장이 세미온의 호의에 힘입어 그 집에 살게 된 천사는 구두 수선을 하며 자신에게 부여된 문제를 하나하나 풀어나간다. 6년째 되던 해 어떤 부인이 쌍둥이의 구두를 맞추러 온다. 혈혈단신, 외톨이였던 쌍둥이 엄마의 시신을 발견한 이웃집 아낙이다. 부모 없이 남겨진 갓난이들을 애처롭게 여겨 젖을 먹이며 여태까지 키워 온 여인의 눈물에서 천사는 '살아 계신 신의 그림자'를 발견하고 세 번째 질문의 해답을 얻어 하늘로 올라가게 된다.

"내 아이가 죽는 다음 날 죽을 수 있다면…. 단 하루만 더 살 수 있다면."

장애아 부모들이 흔히들 입에 올리는 이 말을 나도 몇 번 들어보았다. 아이를 두고는 차마 눈을 감을 수 없다는 간절한 마음의 토로이겠거니, 고개를 끄덕이게 된다. 그러나 때로 이러한 바람은 말 그대로 바람에 그칠 뿐, 안타깝게도 내 삶은 내가 바라는 대로 흘러가지만은 않는다. 그럴 때면 쌍둥이를 놓고 숨을 거두게 된 가련한 엄마의 애원이 바로 나의 울부짖음이 된다.

장애나 질병, 파산, 이별, 죽음 등을 싫어하고 두려워하는 마음의 밑바닥에는 내가 나 자신의 삶을 통제할 수 있으리라는 소망이, 통제해야 한다는 당위가 깔려 있는 것 같다. 또는, 나 자신이라는 천체를 중심으로 온 우주가 돌아가야 한다는 생각이 깔려 있는 것 같다. 그러나 최선을 다한다 할지라도, 내 삶과 내 아이의 삶을 전부 통제할 수는 없음을 금세 깨닫고 만다. 장애아를 키우는 부모들은 그 누구보다 사람의 한계를 더 민감하고 절실하게 느낀다. 그럴 때야말로 사랑을 믿는 수밖에 다른 도리가 없다. '보이지 않는 손'의 섭리를 믿는 수밖에 없음을 인정하게 된다. 남달리 어려움을 많이 겪는 그 부모들이 오히려 한없이 낙천적인 사람이 되는 데는 이런 이유가 크게 작용하는 듯하다.

온통 삭풍이 몰아치는 것 같은 이 세상에도 저 쌍둥이에게 젖을 먹여 키운 아낙 같은 사람들이 있다. 비바람을 피할 수 있게 해

 엄마는 오늘도 소금땅에 물 뿌리러 간다

주는 피난처 같은 사람들이 있다. 피붙이도 아닌데 아무 연고도 없는 중증 장애인들을 보살피며 사는 사람들, 길거리에 방치되어 있는 노숙인들을 섬기며 사는 사람들, 오갈 데 없는 노인들을 어머니 아버지처럼 모시고 사는 사람들. 추락천사가 이웃집 아낙의 얼굴에서 살아 계신 신의 그림자를 보았듯이 나도 그들의 삶에서 신의 그림자를 본다. '사람은 무엇으로 사는가'라는 질문에 천사는 답을 얻었다. '사람은 사랑으로 삽니다.' 나는, 내 아이는 내일도 사랑으로 인해 생을 이어 나갈 수 있을 것이다.

'사람은 사랑으로 산다'는 말은 동시에, 너 역시 그 아낙과 같은 사랑을 베풀어야 한다는 부름으로 나를 이끈다. 내가 바로 그 아낙이 되어야 한다. 내가 바로 눈구덩이에 벌거벗은 채 버려진 천사를 집으로 데리고 온 세미온이 되어야 한다. 우리는 서로의 얼굴에서 신의 그림자를 읽을 수 있어야 한다. 설령 신을 믿지 않는 사람이라 하더라도, 사랑이 우리 미래를 이끌어 가리라는 소망이 없으면 단 하루도 살 수가 없다. 우리의 삶은 무엇을 믿든 신앙고백적 삶이 될 수밖에 없음을 나는 아이를 키우면서 뼈저리게 느낀다.

내 아이의 미래에 대해 이야기 나눈 그날 싱거운 말을 했다 싶어 무안하면서도, 한편으로는 친구의 거침없는 대답에 마음 깊은 곳에서 불씨 하나 마른 섶에 던져진 듯 뜨거운 감사의 정이 확 일어났다. 두려워하지 않아도 된다. 미래를 손바닥 들여다보듯 알 수는 없지만, 사랑이 있는 한 내가 없어도 아이는 잘 살아갈 수 있다. 이 앎과 믿음이야말로 '지금 여기'의 삶을 가장 단단하게 받쳐주는 토대이리라.

엄마는 오늘도 소금땅에 물 뿌리러 간다

나의 대중교통 이용기

매주 목요일 저녁에 하는 성경공부에 참석하려 서울 가는 버스에 올랐다. 맨 뒤에서 두 번째, 혼자 앉는 좌석에 앉았다. 앞자리에는 머리를 한 데 묶은 젊은 엄마가 두 아이를 데리고 있는데, 스포츠형으로 머리를 깎은 통통한 사내애는 여섯 살쯤 되어 보이고 그 동생인 듯한 여자애는 엄마 무릎을 베고 누워 곤히 자고 있었다.

버스가 출발한 지 얼마 안 되어 사내아이 입에서 기묘한 소리가 흘러나왔다. 제대로 된 말이 아니다. 얼핏 들으면 상처 입은 짐승의 어린것이 내는 신음소리 같다. 으어우어그아그우…. 아이 목소리는 굵은 허스키였다. 엄마가 얼른 아이 주의를 딴 데로 돌려 그 소리가 못 나오도록 막는다.

‘음….’

그건 옹알이였다. 아기들은 태어난 지 빠르면 한 달 만에도 옹알이를 시작하여, 자기 목소리로 여러 가지 장난을 쳐본 끝에 2, 3년 후에는 온전한 소통에 이르게 된다. 내 앞의 아이는 아직 말을 배우는 도중인 모양이었다. 보아 하니 우리 집 둘째, 아들아이가 그 나이였을 때 하던 행동과 판박이다. 목소리를 가지고 여러 실험을 해보지만, 굳이 소통을 위한 것은 아니며 아직은 장난에 불과한 단계다. 아이를 키우면서 몸이 불편한 친구들을 많이 보아 온지라, 이 꼬마도 내 아이와 비슷한 어려움을 겪고 있는 것을 단박에 알아차렸다. 그 아이를 보며 난 15년을 단숨에 뛰어넘어 다시 아이의 입을 연신 틀어막고는 하던 엄마가 되어 망연히 좌석에 앉아 있었다.

자폐 성향이 있는 아이들은 제 목소리, 제 언어를 남들과 소통하는 데 사용하는 것보다 혼자 가지고 노는 데 더 능하다. 단순 반복을 좋아하는지라 이 아이들이 가장 좋아하는 말은 CM송인데, 이를테면 ‘열두 시에 만나요 부라보 콘’ 노래를 하루에도 수십 번, 수백 번 부르면서 정작 가족들과는 쓸 만한 대화 한 마디를 할 수 없다. 하루에도 수백 번 같은 노래를 듣는 것도 환장할 지경, 그러면서 정작 아이와 대화 한 마디 할 수 없는 건 더욱 미칠 노릇. 그러면서 자폐아 엄마들의 마음은 조금씩 사막화되어

　엄마는 오늘도 소금땅에 물 뿌리러 간다

가는 것이다.

그렇게 늘 혼자 중얼거리는 아이를 데리고 10년 넘게 버스를 타고 교육을 받으러 다녔다. 곁에 있던 중학생들이 "쟤 신들렸나 봐…" 수군거리는 것도 들어봤고, 너무 큰 소리로 중얼거리는 것이 창피해서 지하철 옆 칸으로 몰래 도망쳐 아이를 모르는 척 만행(!)을 저지른 적도 있었다. 혼잣말에서 그치면 차라리 다행, 울거나 소란을 피우거나 해서 버스 운전기사들에게 욕을 들은 것은 부지기수요, 지하철에서 드러누워 악을 쓰고 버둥거리면 목적지에는 가지도 못하고 당황해 끌고 내린 적도 많았다. 10년 넘게 아이를 데리고 다니면서, 나의 대중교통 이용기는 참으로 파란만장이었다.

예를 들자면 이런 경우다. 아들이 만 열 살 되는 해에 우리 가족은 일산으로 이사를 했다. 아주 어릴 적부터 다니던 조기교실은 응암동이라, 한동안 버스를 타고 교육을 받으러 다녔다. 몹시 추운 어느 날 저녁, 어린 동생을 업고 아들과 함께 집에 가는 버스를 기다리는데, 그날따라 유난히 버스가 늦게 왔다. 늘 타는 초록색 버스는 퇴근 시간에 걸려 이미 만원이었다. 두 아이를 데리고 통조림 속 같은 그 버스를 탈 수도 없고, 다시 다음 버스가 오기까지 기다릴 수도 없었다. 추위에 지치고 피곤함에 절은 나는 집 앞으로 가는 좌석버스가 마침 온 것을 보고 아이를 밀어넣었다. 빨리 집에 가고 싶다는 일념에 사로잡혀 충동적으로 행한 일

이었다. '제발 오늘만은 고집 부리지 말고 조금만 참아다오.'

그러나 아들은 초록버스를 못 타고 파란 좌석버스를 탔다고 울부짖기 시작했다. 사람이 가득 찬 버스 안, 아무도 아기를 업은 여자에게 자리를 양보하지 않았다. 거기다 겉보기에는 말도 안 되는 이유로 한 시간 내내 큰 소리로 울어대는 열한 살짜리 남자아이. 어떤 위로로도, 어떤 유혹으로도 달랠 수 없으니 그저 진땀만 흘렀다. 더 이상 눈물도 나오지 않았고 가슴속에서만 태풍이 으르렁거리며 날뛰었다. 버스에서 뛰어내리고 싶은 충동을 참느라 눈앞이 캄캄했고 넘어지지 않으려 의자를 붙든 손에는 하얗게 관절이 드러났다. 사람들의 따가운 눈총을 받으며 집으로 향하던 그 길은 내 생애 가장 가혹하고 기나긴 길이었다.

언젠가 아이를 데리고 대중교통을 이용하는 것에 대한 어려움을 같은 조기교실의 엄마들에게 토로한 적이 있다. 그러자 엄마들은 입을 모아 이렇게 말했다.

"언니도 참, 여태 요섭이를 데리고 대중교통을 이용하다니 겁도 없다. 우리가 왜 운전을 배웠겠어요."

"그런 거야? 집에 차는 있지만… 두 대 굴릴 형편은 못 되는데."

"나 참, 차는 언니가 가지고 다니고 아저씨는 버스 타라 하면 되지. 아이를 데리고 그 고생을 사서 하다니."

"바쁘고 할 일 많은 사람이라… 당연히 내가 버스를 타야 한다

 엄마는 오늘도 소금땅에 물 뿌리러 간다

고 생각했지."

한 번도 차를 끌고 다닐 생각을 못하다니, 난 참 순진한 건지 미련한 건지. 아이가 그리 심한 중증은 아니었기에, 그리고 공격적 성향은 아니었기에 가능한 일이었던가. 제 발로 걸을 수 없는 아이도 많고 제 집 승용차를 망가뜨리는 아이도 많으니…. 어쨌든 아들아이는 10년 넘는 대중교통 이용에 이골이 나, 이제 혼자서 어디서든 갈 수 있는 총각이 되었다. 어떤 어려움도 끝은 있는 건지….

내 앞의 꼬맹이는 30여 분 동안 계속 알 수 없는 소리를 냈고 사람들은 그들을 흘끔거렸다. 아이 엄마는 초조한 손길로 계속 아이의 주의를 돌리려 애썼고, 나는 지치고 고달픈 기색이 역력한 그 엄마의 초조함과 아픔과 짜증과 근심과 애정이 뒤섞인 복잡한 감정을 내 것인 양 고스란히 느끼며 어느덧 기도로 나아가고 있었다.

'애기 엄마, 버텨요. 지금은 너무 견디기 어렵고 힘들겠지만… 이 시기를 거치는 동안 당신은 단단해질 거예요. 아이는 자랄 테구요. 내가 당신 뒷자리에 앉은 것도 우연은 아닐 거예요. 이 버스에 당신 편이 한 사람은 있는 거예요. 당신을 위해 기도하라고 나를 여기로 보내신 거예요. 힘내요.'

곤하게 자던 딸아이를 깨워 아들과 함께 내리던 엄마 뒤로 나는 몇 번이고 기도와 응원의 말을 마음속으로 보내고 있었다.

체념을 넘어서

아들이라면 모름지기

프라모델에 미칠 거라고 생각했다.

글라이더 조립

딱지치기와 구슬치기

배틀카드로 대결

축구, 야구

태권도

팽이치기

연 날리기

사슴벌레나 강아지 기르기

장기나 체스

미니카 수집

기차놀이

무선조종 완구

천체망원경으로 별자리 관측

이런 거라 생각했는데.

— 2006.10.XX에 쓴 일기

많은 장애아의 엄마들이 초등학교 시절에는 어려움을 무릅쓰고라도 일반학교에 아이를 보내 통합교육을 시도한다. 그러나 아이의 상태가 비장애아들과 어울릴 수 있을 만큼 좋지 않으면(대부분의 경우 그렇지만) 아이도 부모도 스트레스를 크게 받기 때문에, 마음이 맞지 않으면 학교를 옮겨 다닌다든가 서울에 집이 있는데도 한적한 시골 학교로 멀리 통학을 한다. 그러다가 중학교에 올라가면서 많은 수가 통합교육을 포기하고 특수학교에 지원한다.

아이가 특수학교에 들어가는 3월, 엄마들이 풍기는 낙심과 체념의 분위기가 이미 교실에 무겁고 낮게 깔려 있더라고, 그 답답한 공기가 피부에 확 와 닿더라고 한 엄마가 내게 말해 주었다. 입학할 때까지만 해도 희망을 걸고 있다가 안타깝게도 많은 기대를 차차 비워 내는 시기가 초등학교 시절이며, 아이가 중등교육을 받을 무렵이 되면 많은 엄마들은 이미 아이의 미래를 자신의 꿈과 희망의 리스트에서 반쯤 삭제해 버린다. 이러한 낙심과 체념은 힘이 세다. 곧장 학교 전체 분위기를 결정해 버려, 교사들이 아이들을 소홀하게 대하게 하는 원인이 되기도 한다.

100퍼센트 완벽하게 건강한 가정이 어디 있을까마는, 만성질환자나 장애를 가진 이의 가족 구성원 개개인은 그 질환이나 장애를 조금씩은 공유하고 있는 것과 마찬가지다. 질병의 경우 완치를 꿈꾸면서 여러 가지 시도를 하기 때문에 조금 사정이 나은지는 모르겠으나, 장애의 경우에 가장 견디기 어려운 것은 결핍에 마주섬, 그리고 박탈감과 체념이다. 시각장애를 가진 자녀와 영화를 보러 갈 수는 없고 청각장애를 가진 자녀와 음악회를 갈 수는 없는 것이다. '다른 많은 것을 할 수 있잖아' 하고 위로해 보았자 그 장애를 겪고 있는 사람이나 가족에게는 위로가 안 된다. 그 '할 수 없는 일'이 너무나 크게 느껴지기 때문이다.

나도, 아들아이가 의사소통 장애를 겪고 있기 때문에 가방을 메고 시끄럽게 떠들며 지나가는 사내아이들만 보면 얼마나 부러웠는지 모른다. 자전거 타고 쌩쌩, 친구와 경주하는 사내애들의 모습을 보면서 가슴 한 구석에서 느껴지는 통증에는 20년이 다

　　엄마는 오늘도 소금땅에 물 뿌리러 간다

되도록 내성이 생기지 않는다. 아이가 초등학생일 때는 짓궂은 초등학생들을 보면 마음이 아렸고, 중고생일 때는 마찬가지로 다른 남학생들을 볼 때마다 가슴 한쪽 구석이 구멍난 것만 같았다. 그러면 내 마음은 나도 모르게 체념 쪽으로 재빨리 달려가 다른 아이들과 조금도 다르지 않은 아들의 모습, 친구들과 즐겁게 웃고 떠드는 모습을 상상 속에서 억지로 지워 내곤 했다….

체념이란 일종의 자기 방어 기제로서 아픔을 오래 겪어 온 사람이 자구책으로 작동시키는 것일지 모른다. 꿈을 꾸는 것이 힘겹고, 많은 기대를 걸었다가 이루어지지 않을 경우 맞이하게 될 실망을 극복할 수 있을까 두려워서다. 장애아의 부모들뿐이겠는가. 오랫동안 아이를 가지지 못한 부부들, 사랑을 꿈꾸지만 점점 기회가 사라져가는 싱글들, 아무리 애써 봐도 쇄신의 기미가 보이지 않는 부패한 조직에 몸담고 있는 이들, 늘 나라 꼴은 요 모양 요 꼴이었어, 자조하는 이들…. 이들은 점점 지쳐가 이제는 가장 좋은 상태를 꿈꾸지 않는다. 완전함이란 없어, 불완전히지만 그럭저럭 견딜 수 있으니 만족하며 사는 수밖에.

그런데 우리가 깨닫지 못할 뿐이지, 이런 만족, 자위, 스스로 다독거림이 현재 우리 삶을 가장 황막하고 소홀하게 만드는 것일지 모른다. 그것은 일종의 지독한 나태함이기 때문이다. '더 이상 꿈꾸지 않음'은 마치 소나무에 달라붙어 있는 해충 같다. 태풍이 불어오면 뿌리가 얕은 나무들은 넘어져도 깊이 뿌리박혀 있는 것들은 살아남는데, 해충이 번지면 소나무 숲 전체가 박멸당한다. 태풍보다 더 무서운 게 병충해 같다.

꿈을 꾼다는 것은 자연스러운 것으로서 노력하지 않아도 된다 생각했지만, 오늘은 생각을 고쳐먹는다. 꿈을 꾸는 것도 의지가 필요한 것 같다. 꿈을 꾸어야만 미래가 현재로 오기 때문이다. 믿음, 자연스럽게 성취되는 게 아니다. 올바른 지식을 공급해 주어야 한다. 사랑, 역시나 저절로 되는 게 아니다. 실천만이 사랑을 지탱시킬 수 있다.

그렇다면 소망도 예외 없이 능동적인 의미이리라. 무언가가 온전하게 되어 감을 꿈꾸며 움직임. 그렇다면 꿈을 꾸는 것은 우리 모두의 본성을 넘어서 차라리 과제이리라. 무기력을 떨치고 한 발짝 힘차게 앞으로 나아가는 것 외에 오늘 내가 미래를 위해 할 수 있는 일이 무엇이랴. 나는 오늘 아이들을 위해, 나를 위해 그리고 내 이웃을 위해 어떤 꿈을 꿀 것인가. 풀어야 할 숙제가 많다.

 엄마는 오늘도 소금땅에 물 뿌리러 간다

공감 없음은 너의 아픔

이제까지 웃음은 상대의 재미난 말이나 재치, 기쁨이나 감동에 더져 나오는 보기 좋은 반응이라고 생각했는데 얼마 전, 그게 다가 아님을 알았다. 똑같이 즐거운 자리에 있어도, 앞을 보지 못하는 사람은 웃음 짓기가 어렵다. 상대의 얼굴에서 초승달 눈과 웃어서 생긴 주름, 탐스런 꽃 같은 입(가끔 볼우물 파이는 사람은 더더욱) 그리고 웃는 순간 어리는 광채, 이런 것을 보자마자 우리 얼굴과 마음도 순식간에 피어난다. 그것이 바로 웃음의 신비임을 알았다.

그래서, 즐거운 모임 속에서도 마음이 조금 쓸쓸했다. 친구의 얼굴에서 그렇게 환한 함박웃음을 한 번도 보지 못해서. 그의 아픔은 그 웃음 없음에서 드러나는 것 같아서.

아프리카나 아시아의 오지, 사람 발길이 닿기 힘든 곳에는 아직도 원시의 삶을 영위하고 있는 사람들이 있다. 다큐멘터리에서 그런 장면이 나오면 신기하게 여기며 눈을 텔레비전 화면에 고정시키게 된다. 전 세계가 달러와 매스미디어로 통일된 듯한 21세기에도 아직 저런 이들이 남아 있구나. 촬영하러 들어간 사람들은 처음에는 그 삶이 낯설 뿐더러 말이 잘 통하지 않으니 으레 크게 애를 먹는다. 하지만 며칠 뒤 그 마을에서 철수할 때는 마치 이민자가 모처럼 본토에 나왔다가 고향 사람들과 헤어지기라도 하는 양 울먹거리면서 나오는 모습을 가끔 본다.

짧은 기간 동안인데도 정이 오고갔기 때문이다. 사냥을 함께 나가며, 의식을 치르는 모습을 찍으며, 함께 잠자고 밥을 먹으며 웃음과 스릴과 경험을 공유했기 때문이다. 일주일이나 열흘 동안 서로가 서로의 언어를 이해하면 얼마나 이해했겠는가. 다행히 사람들이 언어의 내용을 이해하여 의사소통을 하는 경우는 7퍼센트 정도에 그친다 한다. 나머지는 비언어적 방법으로 소통을 한다고 한다. 몸짓 언어, 표정, 말투, 억양 등 내 감정과 의사를 상대에게 알릴 수 있는 도구는 적지 않다. 사람은 언어 이전에 이런 것들로 먼저 친구가 될 수 있다. 아직 어휘력도 변변치 않은 네댓 살 아이들이 놀이터에서 단박에 친구가 되는 것을 보면 과연 그러하다.

 엄마는 오늘도 소금땅에 물 뿌리러 간다

그런데 이 모든 것도 신경계가 제대로 기능을 다해 주어야 가능하다는 것을 자폐 성향이 있는 아이를 키우고야 알았다. 공감이란 게 세상에서 가장 쉬운 것 같아 보여도 실은 그렇지가 않다. 내 친구는 눈이 보이지 않으니 다른 사람의 웃고 우는 얼굴을 보지 못해 그 표정에 같은 표정으로 반응할 수 없지만, 내 아이는 눈이 잘 보이는데도 다른 이의 웃음에 반응하지 않는다. 갓난아이들도 신생아실에 함께 누운 다른 아기들의 울음소리를 듣고 덩달아 울지만, 내 아이는 엄마나 누이들의 눈물을 보고도 마음 아파하거나 눈물을 흘리지 않는다. 1996년 이후 학자들은 그것을 거울신경세포의 손상 때문일 것이라고 추측했다. 내 아이의 눈은 다른 이들의 웃음을 비추어 내지 못한다. 혼자서 기쁘거나 즐거운 일을 발견하면 모를까, 다른 이들과 더불어 웃음꽃을 피우는 건 그에게 어려운 일이다.

고백하건대, 아이를 키우며 가장 힘들었던 부분이 바로 이 지점이었던 것 같다. 말이 통하지 않는 점, 전혀 이해할 수 없는 행동을 하는 점, 육체적인 고단함과 생활의 쪼들림도 만만한 건 아니었지만 가장 어려운 것은 단연코 이것이었다.

가족이란 무엇인가. 아주 사소한 일상 하나하나에 울고 웃으며 함께 공감대를 공유해 가는 이들 아닌가. 더구나 핏줄로 이어져 있는 사이니 그 끈끈함을 무엇에다 비하랴. 너와 내가 한 마음 한

몸이 되어 어떤 어려움이나 슬픔도 뛰어넘을 수 있는 사람들이 가족 아닌가.

내가 우는데 네가 울지 않는다. 나는 웃는데 너는 웃지 않는다. 이것처럼 사람을 외롭게 하는 일이 또 있을까. 더구나 천륜으로 맺어진 사이라는 엄마와 아들이 감정을 공유하지 못함은 극도로 고독한 일이다. 24시간 내내 누워서 젖 먹고 똥 싸고 울어 대는 아이를 키우는 고단함을 단번에 상쇄시켜 주는 것은 아이와 내가 눈을 맞출 때다. 아이가 내게 방긋 웃어 줄 때다. 그런데 내 아이는 나와 눈을 맞추지 않는다. 나를 보고 웃지 않는다. 나를 엄마라 불러 주지도 않는다.

아, 너와 함께 있을 때 오히려 처절히 혼자 남겨지는 이 외로움을 어쩔 거나.

공감이 없는 곳에서는 도덕성도 없다. 도덕이란 역지사지의 마음에서 비롯되는 것이기 때문이다. 내 아이의 신경계에 어떤 결손이 있는지는 머릿속을 열어 볼 수 없으니 모를 일이지만, 겉으로 드러나는 행동으로 보아 뭔가 단단히 잘못된 것이 있음은 분명해진다. 모든 신경계가 제대로 작동하고 있다 함은 임기응변 능력이 얼마나 잘 발휘되느냐로 판단해 볼 수 있다. 한 상황에서 한 가지 규칙만을 고수할 게 아니라, 상황에 따라 규칙이 변할 수도 있고 다른 규칙이 도입될 수도 있으며 규칙을 아예 저버릴 수도 있다. 그런데 자폐인들은 이게 무척 어렵다. 상황 변화에 그때 그때 대

 엄마는 오늘도 소금땅에 물 뿌리러 간다

응하는 일이 어떤 이들에게는 불가능하다. 그것은 머리가 나빠서가 아니라, 그가 지닌 장애가 다른 이들은 어렵지 않게 해내는 일을 가로막기 때문이다.

아이가 지금보다 어렸을 때 일이다. 주일날 혼자 집에 있는데, 누나가 늘 귀가하는 시간보다 조금 일찍 돌아왔다. 아무리 문을 두드려도 열어 주지를 않아서, 누나는 추운 밖에서 한 시간 넘게 오들오들 떨어야 했다. '누나는 주일 오후 2시가 넘어야 집에 돌아온다'는 명제는 그에게 불변이었다. 다른 사람 마음을 읽지 못하는 아이가 2시 이전에 돌아온 누나에게 문을 열어 주는 건 실로 엄청난 일이다. 기적이나 다름없는 일이다. 어느 누군들 쌀쌀한 밖에서 간절히 문을 두드리고 있는 가족을 외면할까. 설령 타인이라 해도 애처롭고 딱하게 여겨서 얼른 문을 열어 주고 말 터인데….

집에서 키우는 고양이가 시끄럽게 울어 댄다고 수염을 다 자르고 한여름에 볕이 드는 베란다에 몇 시간이고 가두어 놓는다거나, 누이들과 엄마가 치는 피아노 소리가 거슬린다고 피아노 뚜껑에 청테이프를 친친 둘러놓는 일은 또 어떤가. 내 아이의 공감의 무능도 마음 아팠지만 그런 행동을 하고도 아무렇지 않은, 동정심 없는 아이를 보며 마음 한구석 정나미 떨어지는 느낌을 받는 것에 또다시 아파했던 시절은 내 마음속에 깊은 손톱자국을 남기고 갔다. 몸속 어떤 곳이 고장나서 마음 역시 다른 이에게 건너

갈 수 없는 이가 있다는 사실을 사람들은 알고 있을까. 같이 웃지 않음, 같이 울지 않음이 바로 그의 아픔이란 걸 알아 주는 사람은 또 얼마나 될까.

 엄마는 오늘도 소금땅에 물 뿌리러 간다

그럼에도 삶에 대해 '예'라고 말하려네

우리는 모두 나 자신과 내 옆 사람이 겪는
까닭 모를 고난의 이유에 대해 알 수도 없고,
선부른 진단이나 해결책을
내놓을 수 없음을 인정해야 한다.

우리는 인생에 대해 흔히 '이 인생이 나에게 무슨 의미가 있을까?'라든가 '이 인생에서 나에게 어떤 좋은 일이 있을까?'라는 의문을 품고 불만을 토로합니다. 그리고 의미가 없다고 생각되면 절망하고, 최악의 경우에는 자신의 손으로 인생을 끝내려 하기도 합니다.

(중략)

하지만 프랑클의 주장은 정반대입니다. 인생이란 "인생 쪽에서 던져 오는 다양한 물음"에 대해 "내가 하나하나 답해가는 것"이라고 생각했던 것입니다. 프랑클은 이런 사고의 역전을 '코페르니쿠스적 전회'라 불렀습니다. 수용소 사람들에게 이 생각을 적용해 보면,

인생 쪽에서 "너는 견디기 힘든 이 굴욕을 견딜 수 있는가?"라든가 "너는 이 이별의 슬픔을 극복할 수 있는가"라고 물어 온 것입니다. 이에 그들은 하나씩 "예, 저는 받아들입니다" "예, 그것도 받아들입니다" 하고 대답해 가는 것입니다.

그리고 모두 다 그런 것은 아니지만 인생이 물어 온 것에 대해 계속 대답해 간 사람만이 가혹한 시련을 극복하고 살아남았던 것입니다. 반대로 도중에 대답하는 것을 그만둔 많은 사람들은 삶에서 탈락하고 말았습니다. (중략)

이렇게 보면 인생의 물음 하나하나에 정확히 "예"라고 대답해 가는 것은 결코 낙천적인 선택이 아니라, 대단히 무거운 결단이라는 것을 알 수 있겠지요.

—강상중, 《살아야 하는 이유》에서

"엄마, 인생이란 뭐라고 생각해요?"

"…인생이란 숙제지."

5학년짜리 막내딸이 드디어 인생이 뭐냐는 질문을 던졌다. 나도 5학년 때 할머니 장롱에 붙은 거울을 들여다보면서 '난 누구지? 인생은 뭐지?' 이런 질문을 하기 시작했었는데, 녀석도 그런 나이가 되었구나. 딸아이 질문에 서슴없이 대답을 해놓고 나서 책을 뒤적거리는데, 평소에 하던 생각과 같은 내용의 글이 눈에

  엄마는 오늘도 소금땅에 물 뿌리러 간다

띠어 반가운 마음이 들었다.

《살아야 하는 이유》. 이 책은 철학자가 아들의 때이른 죽음과 쓰나미 재앙으로 인한 원전 사고 등으로 일본을 휩쓸고 간 악몽을 겪으면서 왜 살아야 하는가, 삶의 의미를 더듬어 본 흔적을 실은 것이다. 이유를 알 수 없는 고난을 겪을 때 인간은 어떤 대답을 할 수 있는가. 마음이 괴롭고 혼란스러우며 대답을 찾고 싶을 때 구약성경의 욥기를 읽고 또 읽었다. '나'를 이루고 있다고 여겨지는 수많은 것들이 소멸하고 모든 것을 빼앗기며 부스럼투성이 알몸으로 고독하게 섰을 때, 그래도 너는 '너'일 수 있느냐. 너는 그래도 삶을 긍정하고 신을 긍정할 것이냐.

나보다 나이가 조금 어린 친구들과 대화를 했다. 그중에는 인생에서 아주 소중한 것을 잃어버렸으나 영문을 알 수 없는 사람과, 무언가를 간절히 바랐으나 주어지지 않은 사람과, 무엇 하나 자기 뜻대로 굴러가지 않는다는 것을 알아 버린 사람이 있었다. 한 친구가 이렇게 물었다.

"언니, 욥기에서, 결국 욥의 질문에 주어진 대답은 '나는 신이고 넌 신이 아니야'잖아요. 그러면 정말 내 고통에 대해 부르짖다가도 할 말이 없어져요. 우리 삶에서 일어나는 일의 이유를 알 수 없다는 건 알겠지만… 그건 때로 너무 폭력적으로 일어나요. 인생의 의미를 꼭 그리 아프게 학습해야 하나요? 그러고 싶지 않아요. 너무 고통스럽거든."

나는 이렇게 대답했다.

"나도 그렇게 생각해. '네가 그런 일을 감당할 만한 그릇이라서 그런 일을 허락하신 거야' 따위의 말은 듣고 싶지도 않지. 거룩한 의미를 깨닫는 아픔 따위, 주시지 않아도 좋으니 그저 아무 일 없이 평범하게 살고 싶다고 외치고 싶어.

'내 문제는 너무 어려워요, 고통스러워요'라고 말하는 순간 '네 문제에 대한 해답은 이것이야'라며 바로 정답을 내미는 사람을 믿지 마. 다른 사람들이 쥐여 주는 해답은 네게는 쓸모가 없어. 질문을 품고 살아가는 사람은 훗날 그 대답 안에 서 있는 자신을 발견하게 된다고 릴케가 말했다지? 아픔을 경험하는 중에, 또 다 겪어낸 뒤에 그게 '아하, 이런 뜻이었구나' 알아차리는 것이지 이미 나와 있는 정답들을 요즘 아이들에게 주입식 공부시키듯 자신에게 강제로 제시해 보았자… 그게 설령 성경에 나와 있는 대답이라 할지라도 나의 깨달음 나의 고백이 되지 않고서는."

욥기는 우리가 듣고 싶어하는 대답을 속시원하게 내어놓지 않는다. 욥은 이렇게 말한다.

"주께서 말씀하셨습니다. '들어라, 내가 말하겠다. 내가 물을 터이니, 내게 대답하여라' 하셨습니다."(욥기 42:4)

끄덕끄덕. 인생은 숙제. 하루하루, 던져지는 질문에 대해 성실하게 대답을 할 뿐이다. 사랑할 것이냐? 네. 용서할 것이냐? 네. 살아남을 것이냐? 네. 이 대답을 살아내는 것만이 내가 해야 할 모

　　엄마는 오늘도 소금땅에 물 뿌리러 간다

든 일이니.

"우리 애가 저렇게 태어난 건, 아이가 배 속에 있을 때 시어머니와 사이가 너무 안 좋아서 그 스트레스 때문인 것 같아요."

"병원을 잘못 골랐어. 태어날 때 의사 실수로 그만 몇 분 동안 뇌에 산소가 공급되지 않았거든. 그 의사랑 병원을 결딴냈어야 하는데."

"너무 아이를 늦게 낳아서 그런가 봐요…. 마흔이 넘도록 아이가 없다가 겨우 하나 낳았는데. 노산이라서 그랬는지."

발달장애아 엄마들끼리 대화를 나누다 보면 아이가 '왜' 그런 상태로 태어났는지(간혹 후천적 사고로 그렇게 된 아이들도 가끔 있기는 하지만) 다들 나름대로 추측하고 내린 결론을 하나씩 갖고 있는 것을 본다. 남 탓을 하든 내 탓을 하든 상관없이 엄마들 마음속 깊은 곳에서는 하나같이 인과응보, '나 또는 누군가의 죄'에 의해 아이가 그렇게 되었다는 죄책감의 그늘이 엷든 짙든 드리워져 있다. 많은 엄마들이 아픈 아이를 키우는 고단함과 날갯죽지를 꺾인 슬픔을 짊어지는 것도 모자라 스스로에게 그 책임을 묻고 무거운 마음으로 살아가고 있다. 그것에 더해 어떤 이는 그 부모에게 '네가 무슨 죄를 지었기에 저런 애를 낳았느냐'며 악담을 하기까지 하니, 같은 장애아 엄마로서 마음 아프기 그지없다.

그중에서도 믿음 좋다는 사람들은 내게 아무렇지도 않게 이런 조언을 주곤 했다.

"집사님… 하나님이 징계하시는 거야. 집사님네 가정을 사랑하시니 그런 일이 생기는 거지. 순종하는 마음으로 겸손히 받아들여요. 좋은 일이 생길 테니."

뻔뻔한 말인지는 모르겠으나, 난 내가 발달장애아를 낳은 것이 '징계'라고는 한 번도 생각해 본 적이 없다. 내가 아버지라면 사랑하는 자녀에게 그런 식으로 아픔을 떠안기지는 않을 터이니 말이다. 솔직히, 내 대답은 '전 이유를 모르겠어요'이다. 우리가 겪는 많은 아픔 중에 발생 이유를 댈 수 있는 것들도 있지만, 도대체 왜 그런 일이 일어났는지 알 수 없는 것들도 있음을 인정할 수밖에 없다. 그 모든 고난의 과정을 겪고 나서 '이 모든 것은 이러한 이유에서였던 것 같아' 하고 당사자들이 결론을 내리고 해석을 붙일 수는 있겠으나, 다른 사람들이 섣불리 해석을 해주는 건 월권이다. 욥의 세 친구가 욥을 위로한답시고 찾아와서 저질렀던 실수가 바로 그런 것 아니었던가. 그건 아파하고 힘들어하는 이들에게 가하는 폭력이다. 온정을 가장한 폭력.

이게 바로 정답이야, 하며 만병통치약 내밀듯 내 깨달음, 내 경험에서 우러난 해결책을 제시해 주어 슬픔과 고통을 겪는 이를 단숨에 구원하고 싶은 열망은 우리 모두에게 동일하다. 그러나 그것은 불가능한 일이며 심지어 오만한 일이다. 우리는 모두 나 자신과 내 옆 사람이 겪는 까닭 모를 고난의 이유에 대해 알 수도 없고, 섣부른 진단이나 해결책을 내놓을 수 없음을 인정해야 한다.

     엄마는 오늘도 소금땅에 물 뿌리러 간다

친구가 해답을 찾아가는 길 위, 곁에서 비슷한 아픔을 품은 채 묵묵히 무력하게 걸을 수밖에 없음을 인정한다. 사람은 얼마나 나약한 존재인가… 그러나 또한 얼마나 아름답고 깊은 존재인가.

예수께서 가시다가, 날 때부터 눈먼 사람을 보셨다. 제자들이 예수께 물었다. "선생님, 이 사람이 눈먼 사람으로 태어난 것이 누구의 죄 때문입니까? 이 사람의 죄입니까? 부모의 죄입니까?"
예수께서 대답하셨다. "이 사람이 죄를 지은 것도 아니요 그의 부모가 죄를 지은 것도 아니다. 하나님께서 하시는 일들을 그에게서 드러내시려는 것이다."(요한복음 9:1-3)

내 멋대로 생각한 건지는 모르지만, 난 내내 요한복음에 나오는 이 말씀만 떠올리며 살았다. 인과응보를 아전인수 격으로 좁게, 제멋대로 해석하고 적용하면 인생의 아이러니를 설명할 수 없다. 그 아이러니는 신비의 영역에 속해 있다. 지금도 내 눈에는 그 신비가 언뜻언뜻 보인다. 내가 그것의 일부임을 알고 받아들이는 사람에게 언젠가 그 신비는 제 얼굴을 드러내 보여 주지 않을까, 나는 감히 그리 생각한다.

눈물

아이가 조기교실에서 교육받을 적, 그곳 엄마들과 대학로로 연극을 보러 갔었다. 제목은 〈미스터 마우스〉. 정신지체로 지능이 낮은 주인공이 신약 개발의 실험 대상이 된다. 새로운 약이 그의 지능을 놀랍도록 끌어올려 주어 사회에서 사랑받고 주목받는 사람이 되는데, 불행히도 수명이 짧아져 그만 숨을 거두고 만다는 내용이었다.

같이 간 엄마들은 남 일 같지 않은 그 스토리에 얼마나 울었던지, 얼굴이 퉁퉁 붓고 벌개져서 돌아왔다. 그런데 정작 나는 울지 않았다. 의사나 간호사, 사회복지사들이 종종 걸린다는 '동정 피로증'에라도 걸린 것인가. 끊임없이 남을 돌봐야 하는 사람들은 오히려 과잉 공감 때문에 정서적 고갈을 경험, 공감적 반응은 무 더지고 정서는 메말라 간다 한다. 쉴새없이 눈물을 쏟은 십여 년 세월이다. 눈물에도 정해진 양이 있는 것일까. 요전에는 눈이 뻑 뻑해서 안과에 갔더니 안구건조증이라는 진단을 내려 준다. '세 상에, 나에게 눈물이 부족한 날이 오다니.'

어렸을 적 내 별명은 평강공주였다. 걸핏하면 울상이 되어 있 는 딸을 보고 부모님이 놀림 반 근심 반으로 부르시던 애칭. 세월 이 흘러 내 속의 습함도 땡볕 아래 제법 날아갔는가, 이제는 어릴 적만큼 자주 울지는 않는다. 다른 사람에 비해 눈물이 많은 사람 인지도 잘 분간이 가지 않는다. 나만큼 울보인 사람도 살다가 많 이 보았기에.

외모도 성품도 나를 많이 닮은 막내딸을 보니 내 어릴 적 눈물 의 정체가 무엇이었던가 감이 잡힌다. 천성적으로 측은지심과 인 정이 많아 눈물이 잦은 사람이 있으나 그쪽은 아니다. 오히려 예 민한 기질에 노여움을 쉽게 타는데 표출할 길이 없어 울음이 잦 은 쪽이었다. 아직 말을 배우지 못한 갓난아이들의 울음을 난 서 른 넘어서까지 울었다. 말을 배웠으나 그것을 자기 표현의 도구로 삼지 못하는 사람들은 잘 운다. 말을 하고는 싶으나 그 말로 하여 또다시 상처 입을 것을 염려하는, 지나치게 자기 방어적인 사람들 은 차마 말을 꺼내지 못하고 좌절감에 사로잡혀 눈물을 보인다.

간혹 우는 걸로 무기를 삼아 자신이 원하는 바를 손에 넣는다고 울보들을 비난하는 사람들이 있으나, 그 비난은 부당한 데가 있다. 울보들은 결과를 미리 상정하고 울진 않으므로. 어린애가 사탕이 간절히 먹고 싶지만 눈치를 보느라 말은 못하고 울 때, 엄마가 아이 마음을 알아주고 사탕을 손에 쥐여 줄 때가 있다. 울다 보니 주위 사람들이 공감 혹은 동정하여 소기의 목적을 달성하는 적은 있으나 그것은 울보 당사자에게도 계면쩍은 일이다. 원래 그런 방법으로 원하던 것을 이루고 싶은 생각은 추호도 없었기 때문에, 오히려 원하던 결과를 눈앞에 두고 또다시 자기 혐오에 빠지는 요상한 심리에 사로잡히고 마는 것이다. 이래저래 그런 눈물은 뒷맛이 달갑지 않다. 눈물은 '~체'하는 것을 넘어서기 때문에 정직한 언어다. 만일 원하는 바를 손에 넣으려고 일부러 눈물을 보이는 사람이 있다면, 그는 필시 사악하기 그지없는 사람이리라. 그런 걸 일컬어 '악어의 눈물'이랬지, 아마.

눈물과 웃음은 철듦과 철 없음을 넘어선 것이다. 그러나 눈물들은 균질하지 않다. 내 욕구의 좌절이나 슬픔 때문에 흘리는, 감정의 배설로서의 눈물과 다른 이의 고통과 슬픔에 공감하고 아파하며 흘리는 눈물은 같지 않다. 후자가 전자보다 진화한 것이다, 더 고상한 것이다 딱 잘라 말할 수는 없을 것이다. 두 눈물은 반드시 순차적으로 오는 것은 아니며 나란히, 날 때부터 내 안에 공존하는 것이다. 노여움을 잘 타는, 그래서 언니의 잔소리와 오

 엄마는 오늘도 소금땅에 물 뿌리러 간다

빠의 무지막지함에 분개하며 대들지 못함에 우는 막내딸은 또한 〈무한도전〉에 나왔던, 천진한 정준하 과장의 정리해고에 아파하며 눈물을 흘린다. 동생이 걸핏하면 운다 야단치지 마라, 언니야. 세상엔 많이 울어야 어른이 되는 여려 빠진 사람이 있는 거란다.

그럼에도 불구하고 다른 이의 아픔과 상처를 보며 우는 것은 더 숭고하다는 생각을 떨칠 수 없다. 그것은 사랑의 마음이 내 안에 깃들어 있다는 표시이기에. 내 근처에 남의 아픔을 보면 하염없이 울고 또 우는 분이 계신데, 참 아름다운 마음을 지닌 분이라는 생각을 늘 하곤 한다. 도대체 그런 마음이 없다면 이 그악스런 세상이 여기까지나마 굴러왔겠는가. 내 어눌한 입이 점차로 열리고 내 맘을 타인 앞에 꺼내 놓을 수 있게 될 때, 좌절과 슬픔의 눈물은 조금씩 잦아든다. 세월도 조금씩 도와주어, 내 겸연쩍음은 조금씩 줄어든다.

그러나 그에 비례하여 긍휼과 공감과 선의의 눈물이 늘어가는가? 감동과 기쁨의 눈물과 자주 조우하는가? 그건 아닌 것 같다. 그런 눈물들은 겸손히 서 있는 이에게만 온다. 내 삶에 감사할 때에만 온다. 경이에 찬 눈으로 사람과 세상을 바라보려 애쓰는 마음에게 찾아온다. 나는 이제 '나의 가장 나중 지니인 것'이라 시인이 노래했던 그 눈물이 무엇인지 안다.

주여, 두렵더라도 도망치지 않고 그 눈물을 감사히 받아들여 또 다른 눈물 흘리는 이에게 나아가게 하소서.

고치에서

나비로

나도 언니가 있었으면 좋겠다

엄마도 아이와 더불어
그 세월만큼 장애를 겪는다.

1990년대 초반, 여성의 초혼 연령은 24.84세였다는 발표를 며칠 전 보았다. 내 친구들도 거의 다 나처럼 스물다섯이나 스물여섯에 결혼했는데, 지금 생각해도 어린애가 결혼을 한 꼴이나 다름없었다. 대학 졸업하고 직장에서 어떤 성취를 이루기도 전에 나는 서둘러 결혼했다. 그때는 결혼 적령기에, 결혼할 사람이 있든 없든, 결혼하는 것이 매우 중요한 일이었다. 친구들은 결혼하고 유학을 가거나 아이를 낳았고 맞벌이를 계속하는 경우도 많았지만, 나는 일찌감치 아이를 낳고 맞벌이를 그만둔 경우였다.

"아이를 낳아 키우는 데는 마을 하나가 필요하다"는 말이 있다. 어떤 맥락에서 나온 말인지는 잘 모르지만, 아이를 낳아 키우는 데는 온갖 지혜와 기술의 정수가 필요하다는 뜻이 아닐까. 첫아이를 낳고 한 달 동안 친정에서 산후조리를 하고 집에 돌아오는 날, 나는 겁이 더럭 났다. 저렇게 조그맣고 어린 생명이 내 손에 전적으로 맡겨져 있구나 하는 생각에서였다.

얄팍한 육아 무크지 하나에 의지하여, 나는 서투르지만 최선을 다해 아이를 키워 나갔다. 친정어머니는 일을 하셨고 시어머니는 병약하시고, 가까운 친구들은 멀리 유학 가 있거나 아직 결혼하지 않아 육아에 대해 조언이나 노하우를 전수받을 데라고는 없었다. 어려우면 달려가 비벼대 볼 언니 하나 없는 처지에서, 믿을 구석이라고는 나 자신밖에 없었다.

다행히 아이는 아프지 않고 건강하게 잘 자랐다. 예쁘고 명랑하고 똑똑했다. 아이를 키우는 매 순간이 도전거리였고, 어려웠지만 즐거웠다. 말도 잘하고 웃음이 많고 노래도 잘하는 딸아이는 양가 식구들의 사랑을 독차지했다. 그러다가 이듬해 아이가 또 하나 태어났다. 아이가 하나일 때는 그럭저럭 버틸 수 있었는데, 둘이 되니 이건 상황이 또 달랐다. 자기 앞가림도 제대로 못하는 여자가 남편과 어린애 둘을 건사한다는 것은 쉬운 일이 아니었다. 누가 "애가 하나일 때와 둘일 때는 어떻게 달라요?"라고 물을 때 나는 우스갯소리처럼 대답했다. "애 둘일 때는 두 배가 아니라 제곱수로 힘들어지던걸요." 뼛속 깊이 진담이었다.

 엄마는 오늘도 소금땅에 물 뿌리러 간다

아이 둘을 키우려면 마을 두 개가 필요할까. 마을 두 개는커녕 가까운 식구들의 지원조차 기대할 수 없었던 나는 하루하루 지쳐 갔다. 둘째가 두 돌이 되어 갈 무렵, 내 머릿속에는 빨리 이 지겨운 노릇을 탈출해야겠다는 일념밖에 없었다. 단 하루도 아이들에게서 놓여나 휴식을 누리지 못하고, 내 시간이라고는 단 몇 분도 쓸 수 없는 엄마라는 사람의 삶. 매일 반복되는 일상에서는 누추함만이 두드러져 보였고 아이를 키우는 것의 고귀함, 식구들을 살리는 집안일의 소중함은 느낄 수 없었다. 매일 숨 쉴 구멍만을 찾았다.

이렇게 살다가는 허무하게, 이름 없이 부식되어 하얀 재로 바스라질 것 같은 공포에 매일 떨었다. 유학 가고 석박사 과정에 들어간 친구들. 기자, 교사, 편집자, 회사에서 중요한 직책에 오르며 의미 있는 일에 매진하고 있는 친구들—나는 뭘까. 고등교육을 받아 놓고도 평생 집에 갇혀 아이들 뒤치다꺼리나 하면서 늙어 죽는 것은 아닐까. 머릿속은 이제 책 한 구절 이해할 수 없을 정도로 아둔해져 가고 있었다.

그때 누가 파트타임으로 학원에서 가르쳐 보지 않겠느냐 제안을 해와서 해와 달이 된 오누이가 하늘에서 내려온 동아줄 부여잡듯 매달렸다. 천성이 교사와는 전혀 맞지 않았지만 상관없었다. 몇 개월 지나지 않아 친구가 함께 출판 일을 하자고 했을 때는 구원자를 만난 것처럼 기뻤다. 그 일을 시작한 지 2개월도 되지 않아 아이에게 문제가 있는 것 같다는 어린이집 보육교사의 전화가 걸려와 다시 집에 눌러앉게 될 줄은 꿈에도 생각 못했다.

사회가 내 머리에 정작 이룰 수도 없는 슈퍼우먼 신화를 집어넣지 않았다면, 스스로 가치 없는 사람이란 생각을 하지 않고 살 수 있었을까. 내가 아이들을 아름답게 키우고 식구들 살리는 일이 공동체를 살리는 일이요 나 자신을 경제적 효용 가치가 있는 존재로 증명하는 일만큼이나, 아니 그보다 더 중요하다고 확신했었다면 나는 좀 덜 괴로웠을까.

현대 도시의 젊은 엄마들은 고립되어 있다. 핏줄에 기반을 둔 고전적인 의미의 지역공동체가 해체된 이후 여성들은 거의 전적으로 혼자서 육아를 감당하지 않으면 안 되게 되었다. 남편들은 밤늦도록 직장의 노예 신세가 되어 발목 잡혀 있는 경우가 많고, 혹여 시간이 난다 해도 적극적으로 육아에 동참할 마음을 갖고 있지 않다. (요즘은 제 일처럼 육아를 돕는 남편들이 많아지고 있다는 반가운 소식도 들려온다. 잘된 일이다. 누가 1972년생 남편부터가 분수령이라고 말했는데, 정확한 사실인지 농담인지는 잘 모르겠다.)

육아의 지혜와 기술을 전수해 줄 수 있는 양가 어머니나 언니들은 경제 활동 때문에 바쁘거나 물리적·심정적으로 멀리 떨어져 있는 등 유대가 느슨해져 도움을 청하기가 어렵다. 대가족의 고리가 끊어지고 애써 이룬 공동체들이 오래 유지되지 못해 인생

제반사에 대한 지혜와 노하우가 전수되지 못하고 개인의 대에서 끊어져 버리는 오늘, 현대의 핵가족들은 그야말로 외딴 섬이다. 그 후유증은 '나홀로육아'를 하는 엄마들이, 경험도 없는 엄마들이 서바이벌 게임을 해나가며 자기도 모르게 감당해야 하는 커다란 짐이다.

요새는 인터넷 네트워킹이 발달되어 있어서 육아에 대한 정보를 공유하는 등 엄마들 사정이 많이 나아진 편인지 모르겠으나, 물리적·정신적 도움은 여전히 부족한 것으로 보인다. 그 수많은 정보들을 홀로, 외로이 적용해 가는 것은 여전히 집에 하루종일 붙들려 택배기사가 방문할 때만 잠시 다른 사람 얼굴을 구경할 수 있는 있는 엄마들 몫이다. "주부들이여, 개인주의에서 벗어나라. 이제 사회로 나와 모성으로 당신의 지역사회를 끌어안으라"고 누가 그랬다던가? 옳으신 말씀이다. 그러면 나는 어째서 내 언니와 아주머니 노릇을 해줄 공동체를 찾아 나서지 못했는가. 장애아를 키우는 젊은 엄마는 그렇지 않은 엄마들보다 몇 갑절이나 힘들고 여유가 없기 때문이다.

아이 손을 붙들고 길을 걷다가 문득 빙빙 돌아가는 차 바퀴에 매혹된 아이가 택시에 몸을 던지는 일… 그런 일을 늘 당하는 여자가 마음 놓고 바깥에 나다니는 일은 참으로 쉽지 않다. 자폐아, 발달장애아가 보이는 이상 행동들을 이해할 수도 없고 곱지 않은 시선으로 바라보는 바깥 세계로 외출하는 날, 나는 저녁마다 몸과 마음이 극도로 지쳐서 돌아오곤 했다. 엄마도 아이와 더불어 그 세월만큼 장애를 겪는다.

여성들은 약자다. 장애를 가진 이들도 약자임이 틀림없다. 더 넓은 의미에서 보면 장애인을 보살피는 가족, 그중에서도 엄마들은 분명 약자이며 보살핌이 필요한 존재다. 그들은 다른 이들보다 더 고립되어 있고, 더 많은 지혜가 필요하며, 시간과 물적 자원과 정신적인 지원이 절실히 필요한 사람들이기 때문이다. 여기까지 생각과 관심이 미치는 이들이 있을까. 그들에게 손을 내밀며 "잠시 쉬어요, 내가 아이들을 봐줄 테니 기운 차리고 돌아와요" 이렇게 말해 주는 건, 비단 그 엄마와 가까운 이들만이 할 수 있고 감당해야 할 몫은 아니다. 여기에 바로 복지 시스템이 나아가야 할 지향점이 있는 것이다.

 엄마는 오늘도 소금땅에 물 뿌리러 간다

기쁨과 슬픔은 징검돌

우리의 연민이 자기 연민에만
　머무른다면,
　　숱한 나날을 고통 속에서 산 의미는
　어디서 찾아야 할까.

십여 년 전 겨울 어느 날, 한 조기교실의 대기실 풍경.

　성치 않은 아이들을 교실로 올려 보냈다.
　그러나 젊음과 웃음으로 흐드러진 대기실
　샷시 문을 열고
　중늙은 여인이 들어선다.
　때 묻은 파카 끝에서 뻗어 나온 손은
　물기 없는 겨울 나뭇가지 같다.
　파랑 주황 초록 플라스틱 칫솔을 내밀며

한 번만 도와달라 한다.

도움 받을 사람은 오히려 우리들인데요
한마디 말에
시린 등을 돌려
써늘한 마찰음을 남기며
그이는 갔다.

우리는 그 오후, 해진 소파에 부려져 있었다.
천 원 지폐 한 장과 바꿀
칫솔 한 자루 없이.

"이웃의 기쁨과 슬픔 중 어떤 게 더 나누어 갖기 힘든 것 같
아?"
"기쁨."
내가 질문을 던졌을 때 친구 입에서는 곧바로 '기쁨'이라는 대
답이 튀어나왔다. '슬픔'이라는 대답을 예상하고 있었기에 조금
놀랐다.
"왜 그렇게 생각해?"
"난 왜 그런 좋은 걸 갖지 못했지, 그런 생각이 바로 떠오르잖

아."

　이웃의 기쁨은 내게는 곧장 심한 결핍감을 불러일으키며 시기심을 부추기기 때문이라는 친구의 설명이었다. 옆집 아이가 얄밉게도 수능 시험에 만점을 받아 유명 대학에 들어간다는 말을 듣는 순간, 내 아이의 형편없는 성적이 불쑥 수면에서 얼굴을 내민다. 같이 기뻐하기는커녕 기분이 저조해진다. 지인이 돈을 갈퀴로 가을 낙엽 긁어모으듯 하여 으리으리한 집을 사서 이사를 간다는 소식에 흔쾌히 기뻐할 수만은 없다. 전셋집을 전전하고 있는 내 처지가 어느 때보다 더 초라하게 느껴지는 탓이다. 사촌이 땅을 사면 배가 아프다는 유명한 속담도 있지 않은가. 사람들이 자신에게 이미 '있는 것'보다 '없는 것'에 더 큰 의미를 부여하기 때문인가.

　친구 말대로 기쁨과 슬픔 중 기쁨을 함께하기가 더 어렵다면, 그것은 기쁨이 주로 무엇을 '얻을 때' 느끼는 감정이기 때문이 아닐까. 한 사람이 무엇을 얻을 때, 곁의 사람은 그것을 얻고는 싶은데 지금 내 손이 비어 있다, 그리고 당분간 혹은 영원히 내 수중에 들어올 가망은 요원하다는 생각에 우울해진다. 여지껏 알지 못했던 새로운 필요와 박탈감을 인식하는 순간은 역설적이게도 다른 이의 기쁜 소식을 들을 때 찾아온다. 그러니 함께 기뻐함은 너와 나의 경계가 없어진 상태에야 가능하다. 마음이 겸손한 사람이라야 너의 기쁨을 나의 기쁨으로 받아들일 수 있다. 아니, 겸손한 사람이라도 마음에 큰 슬픔을 품고 있으면 백 퍼센트 활짝 웃는 게 어렵다.

아들은 5학년 말부터 혼자서 조기교실에 다니기 시작했다. 일산에서 서울 응암동까지 한 시간이 넘는 거리를 버스를 갈아타면서 가야 한다. 장애가 있는 아이를 혼자서 떼어 보내려니 걱정이 안 되는 건 아니었지만, 엄마에게 말하지 않고 두어 번 가보더니 자신감이 붙은 모양이었다. 혼자서 대중교통을 이용하여 이동하기. 발달장애아 엄마들이 꿈꾸는 한 가지 목표가 벌써 이루어진 셈이니, 걱정스럽기는 해도 대견한 일이 아닐 수 없었다. 기뻐하지 않을 수 없었다.

그렇게 혼자서 잘 다니던 어느 날, 아들 녀석은 수업 시간에 맞추어 들어가지 않아 선생님들을 당황하게 했다. 전자시계처럼 정확한 아이가 제 시간에 나타나지 않으니 놀랄 수밖에. 이리저리 아이를 찾아 나선 선생님들은 교실에서 멀지 않은 개천가 체육시설에서 바퀴를 빙빙 돌리며 운동하고 있는 녀석을 발견하고 가슴을 쓸어내렸다.

그 얘기를 들은 엄마들은 다들 나를 부러워했다.

"세상에, 수업을 땡땡이치다니… 상상도 못할 일이네요. 부러워라."

자기만의 패턴이 확고한 자폐 성향의 아이가 어느 날 전혀 엉뚱

　　　엄마는 오늘도 소금땅에 물 뿌리러 간다

한 짓을 하다니, 엄마로서 이렇게 기쁜 일이 또 있으랴. 나도 그날 내심 무척 기뻤지만, 마음껏 기뻐할 수는 없었다. 드러나게 내색하지는 않아도 그러한 성취를 이루지 못하는 아이들을 둔 엄마들의 서글픔이 어쩔 수 없이 웃음 속에도 배어 나왔기 때문이다. 늘 그러했다. 다른 아이들의 성취를 보며 기뻐하다가도 내 아이에 대한 안타까움으로 자연스럽게 쏠리는 것은 불가피한 일이었다. 그만큼 엄마들 가슴에 뚫린 구멍이 크고 그 메움은 아득한 일이었으므로.

다른 사람의 기쁨과 슬픔을 함께 나눈다는 것은 말로는 쉬워 보이지만 결코 쉬운 일은 아니다. 그래도 굳이 어느 쪽이 나누기 쉽고 공감하기 쉬운가 따져 볼 때, 슬픔 쪽이 더 용이한 듯하다. 슬픔을 느낄 때는 주로 상실을 경험한 뒤다. 뭔가 잃었을 때, 바닥에 추락했을 때 우리는 오히려 슬픔을 당한 다른 이에게 더 쉽사리 가 닿는 나 자신을 깨닫는다. 슬픔은 나를 겸손하게 만든다. 나를 빈털터리로 만든다. 내 손이 비었을 때 다른 이의 손을 선뜻 잡을 수 있다. 슬픔은 나를 다른 이에게로 건네 주는 징검돌인 것만 같다.

그렇다고 아픔이나 슬픔을 나누기가 쉬운가. 그렇지 않다. 자기 슬픔에 짓눌려 있는 사람은 남의 슬픔을 외면하고 싶을 뿐이기에. 제 슬픔에 갇힌 사람은 무관심하고 냉담해지기 쉽다. 자기 연민에 빠져서는 기쁨도, 슬픔도 이웃에게 건너가는 다리가 될 수 없다. 기쁨은 시기와 질투, 박탈감으로 변질되어 날카롭게 가슴을 찌르고 슬픔은 달팽이와 거북이의 등껍데기처럼 은둔의 구실을 줄 뿐이다. 고통을 겪어 본 사람만이 다른 이의 고통을 이해하고 공감할 수 있다는 말은 맞는 말이기도 하고 틀린 말이기도 하다.

많은 경우 아픔을 지닌 사람끼리 동병상련의 감정을 가지는 것은 자연스러운 일이나, 고통을 겪은 사람이라고 해서 반드시 다른 이를 궁휼히 여기는 자가 되느냐면 꼭 그렇지는 않은 듯하다. 어떤 이는 다른 이를 돌아보거나 안쓰럽게 여길 여유를 잃고 다른 사람이 하잘것없는 근심처럼 보이는 것으로 자기 앞에서 징징대거나 어리광부리는 것을 참지 못한다. '감히 어떻게 내 앞에서…' 하고 그들은 생각한다. 심지어 면박을 주거나 나무라기도 한다. 그러나 고통의 크기를 어떻게 자로 재고 그 무게를 어떻게 저울로 잴 수 있을까. 어린아이가 하는 고민이 어른에게는 사소해 보일지 몰라도 그 아이에게는 태산일 수도 있는 것을.

이웃의 고통을 나눈다, 함께한다는 말을 들을 때마다 그 겨울의 대기실 풍경이 종종 머리에 떠오른다. 단 하나, 아이의 건강 빼고 가족, 젊음, 웃음, 친구, 희망 등 많은 것을 갖고 있던 우리들. 그러나 그날 우리는 그 여인보다 더 가난했고 우리의 보드라운 손은 여인의 갈고리 같은 손보다 더 초라했다. 우리의 많은 소유 중 고통이 가장 큰 것이었다면, 그걸로 다리를 지어 또 다른 고통 받

 엄마는 오늘도 소금땅에 물 뿌리러 간다

는 이에게 건너갔어야 하는 것을. 우리의 연민이 자기 연민에만
머무른다면, 숱한 나날을 고통 속에서 산 의미는 어디서 찾아야
할까.

카드로 만든 집

만약 내 집이 일격에 붕괴되어 버린다면, 그것은 카드로 만든 집이기 때문이다.

— C. S. 루이스, 《헤아려 본 슬픔》에서

아이가 저녁에 퇴근하고 돌아와, 현관에서 신을 벗고 곧장 나에게 걸어온다. 나는 "아들 왔구나. 잘 다녀왔니?" 하며 인사를 한다. 아이는 가방을 내려놓고 다가와 내 어깨뼈 정확히 중간쯤을 오른손 검지와 중지 끝으로 톡톡 두드리며 한숨 섞인 목소리로 말한다.

"선거날 안 쉰대요."

언제부터인가, 아들은 내 어깨를 손가락으로 톡톡 친 뒤 말하게 되었다. 그 감촉과 방식이 늘 생경하고 낯설다. 부끄러운 말이지만, 그 느낌이 싫다. 내가 좀처럼 길들지 않는 것을 보면 마음속 어딘가에 그에 대한 저항심이 도사리고 있는 모양이다.

분식점에 가서 떡볶이와 튀김을 시킬 때도 우리는 일단 상대를 일컫는 호칭으로 대화를 시작하고는 한다. "아주머니, 여기 쌀떡볶이랑 오뎅 1인분씩 주세요"라든가 "아저씨, 순대에 간은 꼭 넣어주세요"라고 말함으로써 주문을 한다. 호칭을 굳이 붙이지 않더라도 목소리로 소통이 시작된다. 만일 손님이 말이 아니라 손가락으로 툭 쳐서 주의를 환기시킨다면, 십중팔구 주인은 불쾌감을 느낄 게 분명하다. '입은 두었다 무엇에 쓰나' 하는 생각에 선입견을 가지고 응대하기 시작할 것이다. 다른 문화권에서는 어떨지 모르나, 일단 우리가 살고 있는 문화권에서는 그러하다. "엄마…" 하고 다정히 부르면서 시작하는 대화를 내가 얼마나 당연시하고 있었나, 아들이 나를 툭 치면서 '엄마'라는 호칭 없이 말을 시작할 때마다 깨닫곤 한다.

그리고 그런 상업적인 목적의 만남이 아닐 경우 서로 안부를 주고받음으로써 만남을 시작하는 게 예사로운 일이다. 아침에 집을 나섰다가 저녁에 돌아오는 식구들도 "다녀오겠습니다"로 아침 만남을 맺고 "다녀왔습니다"로 저녁을 열곤 한다. 하물며 데면데면한 지인을 만날 때는 말할 것도 없다. 그러나 아들은 다른 식구들이 20년 넘게 한결같이 치르는 그 의식을 따르지 않는다. 반드시 인사를 하라고 주의를 주어야 겨우 고개를 살짝 꺾어 어색하게 인사한다.

통화를 할 때도 인사 없이 바로 용건으로 직행이다. "배고파요"라는 말만 일방적으로 던지고 끊는 녀석이다. 다른 사람들이 자연스럽게 모방으로써 배울 수 있는 많은 일들을 아들은 제2외국어 배우듯 어렵게 몸에 익혀야 한다. 안부를 묻고 인사를 하고 감정을 서로 부비대고… 그게 아이에게는 쉽지 않다. 젖먹이였던 시절 아이는 도리도리, 곤지곤지, 죄암죄암을 따라 하지 않았다. 그게 무엇을 뜻하는지 알았더라면 아이를 대하는 내 마음가짐이 좀 달라졌을까.

그리스 신화에 유명한 에피소드가 있다. 프로크루스테스라는 노상강도는 나그네를 집으로 데려와 자신의 쇠침대에서 자게 해놓고는 키가 침대 길이보다 작으면 억지로 늘려서 죽이고, 키가 더 크면 사지를 잘라 죽였다고 한다. 요지부동, 변하지 않는 아집과 단단한 프레임에 맞추어 상대를 판단하고 심판하는 사람을 빗댈 때 종종 그 일화가 쓰인다. 지금보다 젊었을 적 나는 모든 것에 일정하고도 불변하는 기준이 있어 반드시 그에 부합하는 인생을

 엄마는 오늘도 소금땅에 물 뿌리러 간다

살아야 한다고 믿는 엄격한 원칙주의자였다. 그러나 나이가 들어가면서 많은 부분, 원칙은 세워 두되 적용을 할 때는 융통성과 상상력이 반드시 필요하다는 것을 절감하게 되었다. 그것을 깨닫게 해준 사람은 바로 내 아이, 유일무이하고 독특한 내 아이였다. 인생은 아들을 내 인생에 보냄으로써 허울만 그럴싸한, 카드로 만든 집을 단박에 무너뜨렸다.

수많은 사람들이 자신의 쇠침대에 다른 사람들을 끼워 맞추려 한다. 그러나 사람뿐 아니라 사회는 유기체와 같아서 규격화할 수 없고 획일적 기준에 부합하지도 않는다. 내가 내 아이를 받아들이려면, 마음에 들지 않는 그 행위, 내 어깨뼈를 낯선 사람 대하듯 어색하게 두드리는 감촉까지 받아들여야 한다. '엄마'라는 말을 듣지 못하는 슬픔까지 감수해야 한다. 자연스레 인사로 만남을 여닫는 습관이 들 때까지 수만 번 참고 연습시켜야 한다. 끝내 아이가 인사를 제대로 하지 못한다 하더라도, 있는 그대로 받아들여야 한다. 왜 너는 엄마를 엄마라고 부르지 못하니, 천성석으로 그게 불가능한 장애를 가진 애를 윽박지를 수는 없는 노릇이다.

내 곁의 사람들을 나만의 일방적인 기준으로 판단하려 할 때 관계는 무너져 내린다. 짙은 애정으로 시작되었다가 격렬한 파열음을 내며 깨지는 연인과 부부 사이가 얼마나 많은가. 천륜과 피로 이어진 부모 자식 사이도, 다시는 안 본다며 원수보다 못하게 여기는 경우가 얼마나 많은가. 수많은 경우 나의 쇠침대에 그를 눕히고 재단하기 때문이다. 내 기준에 들어맞지 않는 그를 용납하지 못하기 때문이다. 이 경우, 누가 잘못인가. 내 기준, 내 욕심이 깨어지는 상실감을 견디고 상대를 수용할 때에만 관계는 이어져 가게 된다. 나는 관계를 이루고 발전시키는 데 얼마나 긍정적이고 적극적인 역할을 감당하고 있는가.

내가 마음속에 세워 둔 우상은 얼마나 견고한가. "실체는 우상을 파괴한다"고 C. S. 루이스는 말했다. 실체를 실체로 받아들이는 사람만이 우상을 파괴할 수 있다. 상대의 실체가 설령 마음에 들지 않는다 해도 말이다. 백만 명의 사람이 다 다르고 독특함을 인정하고 끌어안지 않으면, 쇠침대에서는 계속해서 사람들이 죽어 나갈 것이다.

상상력은 힘이 세다

아이가 학교를 다닐 때는 물론 지금도 장애 관련 심포지움이나 강연 등에 가끔 참석한다. 암중모색, 숨구멍을 찾고 싶은 절박함에, 이 사회가 어려움을 겪고 있는 사람들을 위해 다소나마 노력하고 있는가 눈으로 확인하고 싶은 마음에서다. 그리고 그러한 모임에 다녀올 때면 십중팔구 답답한 마음을 고스란히 간직한 채 집으로 돌아오게 된다.

예를 들어, 최근에 다녀온 심포지엄의 주제는 '평생학습사회에서 성인 장애인 평생교육이 어떻게 진행될 것이며, 어떤 방향으로 발전할 것인가'였다. 많은 장애인들은, 특히나 발달장애를 가진 사람들의 대학 진학율은 미미한 편이다. 중고등학교를 나오면 그다음에는 교육받을 기회가 거의 없다. 그래도 거북이 걸음으로 꾸준히 발달하는 인지능력과 언어능력, 사회성 등을 볼 때, 성인 장애인들을 위한 많은 프로그램이 확충되어 그들이 사회에 좀더 잘 적응하고 내일은 오늘보다 어려움을 덜 겪으면 얼마나 좋을까 하는 마음을 품게 된다.

그런 모임에서 무겁게 발걸음을 돌리게 되는 것은, 그 모임을 주도하는 사람들의 태도를 접하면서다. 행사를 위한 행사를 치르는 모습, 형식적인 태도, 장애를 겪고 있는 당사자에 대한 이해 부족, 특히나 자신들이 몸담고 있는 분야와 그 대상에 대한 애정이 부족함을 살갗으로 느낄 때다. 장애인들을 위한 프로그램을 적극 확충하는 것도 중요하지만 일반 강좌들에 장애인들이 참석할 수 있도록 적극 독려하자, 그러더니 적어도 막지는 말자는 소극적인 태도로 패널들의 논의가 점점 축소되어 가고 있을 때였다. 어떤 학부모가 손을 번쩍 들었다.

"일반 강좌들에 장애인들이 들어가 강좌 듣는 걸 막지는 않겠다고 하셨는데요. 장애가 경미한 친구들은 참여가 수월하지만 저희 아이는 강좌가 개설되어도 참여가 쉽지 않습니다. 중증장애라 늘 침대에 누워 있거든요. 제 아이가 침대에 누워 들을 수 있는 강좌들이 있을까요?"

패널들은 선뜻 대답을 하지 못하고 우물쭈물했다. 답답했다.

 엄마는 오늘도 소금땅에 물 뿌리러 간다

침대에 늘 누워 있어야 한다는 친구 이름을 '경은'이라 치자. 그 심포지엄은 '장애인 일반'의 편의와 복지를 개선하는 것이 아니라, '경은'이의 평생학습 욕구를 존중하고 귀 기울이고 구체적으로 기회를 마련해 주는 자리가 되었어야 한다. '일반'을 위한 자리는 결국 누구를 위한 자리로도 귀결되기 어렵다. 혈관 속에 우리처럼 붉은 피가 흐르고 우리처럼 웃고 울고 공부도 하고 싶은 한 소녀에게 오랫동안 참여 가능한 강좌를 단 하나라도 개설해 주고 그 소녀의 침대가 통과할 수 있는 강의실을 마련해 주는 자리였어야 한다.

그런 심포지엄이나 세미나가 사회복지를 공부하고 온 사람들이 자기 전공 지식을 뽐내는 자리로 그쳐서는 안 되지 않겠는가. 내가 어떤 이들의 일거리를 제공하는 대상으로만 다루어지는 건 참 씁쓸한 일이다. 그 자리에 참석한 어떤 시의원은 자신이 얼마나 이 분야에서 많은 일을 하고 있는지 계속 자랑을 늘어놓았다. 속이 타는 엄마들의 이런저런 질문과 요구에 대해서 "예산을 더 드리면 된다는 말씀이죠? 애써 볼게요"라며 돈이면 다 된다는 식이었다. 그러나 엄마들이 원하는 것은 그게 아니다.

예전에 이름을 대면 다 알 만한 어떤 여성학자 한 분이 하는 강연에 참석한 적이 있다. 그녀에게는 자폐성 장애로 고생하는 딸이 있었다. 한 시간이 좀 넘는 시간 동안 청중은 그녀의 이야기를 들으며 다같이 깔깔거리고 함께 눈물 흘렸다. 이런저런 많은 모임 중 유독 그녀의 강의만이 듣는 이의 속을 뻥 뚫어 준 것은 무슨 이유에서였던가. 그 사람만이 우리가 원하는 것을 '알고' 있었기 때문이다. 우리의 필요를 속속들이 알고 그것을 제공했기 때문이다. '일반', '무리' 또는 '대중'으로 대하지 않았기 때문이다. 한 사람 한 사람 마음에 깊이 와닿는 말을 해준 것은 그 사람이 바로 우리 중 하나였기 때문이다. 그녀에게 우리는 '그들'이 아니라 '그녀 자신'이었기 때문이다. 장애아 엄마로서 겪는 커다란 기쁨과 슬픔을 깊이 이해하고 그녀 자신에게 건네는 말을 한 것이니 얼마나 적실한 말들이었겠는가.

비단 장애나 사회복지 관련 종사자들에게만 국한된 이야기가 아니다. 모든 의료계 종사자들에게 중대 질환을 앓고 있는 가족이 있어야 하는 건 아니다. 청소년 소설을 쓰는 작가에게 꼭 사춘기 아들딸이 있어야 하는 건 아니다. 우리 모두에게는 '타인에 대한 상상력'이 절실하다는 말을 하고 싶은 것이다. 그리고 '전체'가 아니라 '개체'로 대해 달라는 것이다. '장애인'이란 말로 뭉뚱그려 파악하지 말고 우리 아이들을 '경은'이나 '성규'로 불러 달라. 불특정 다수가 아니라 구체적인 개인으로 대해 달라.

우리가 이웃을 불특정 다수로 대하는 순간, 그들은 우리 마음과 인식 속에서 추상화되고 만다. '보편적 원칙'으로 다룰 수 있다고 흔히들 착각하는 인간, 대중이 되고 만다. 그러나 한 개인은 막연한 대상으로 다루어질 수 없다. 모든 사람은 하나하나, 깊은 이해를 기반으로 사랑받고 존중받아야 한다. 깊이 아는 것은 이미 사랑하는 것이다. 잘 알지도 못하는 대상을 이해한다고 말하는 건 어불성설이다.

우리는 구체적인 개인을 사랑할 수 있을 따름이다. 장애인 또는 환자 또는 학생 또는 어르신들이 아니라, 이름과 얼굴을 가진 한 사람 한 사람을 사랑할 수 있을 따름이다. 그들 하나하나가 모여 장애인, 환자, 학생, 어르신 또는 국민이라는 그룹이 되는 것이지 거꾸로 생각할 수는 없다.

이른바 대의를 위해 일한다고 생각하고 말하는 사람 중 이런 착각에 빠져 있는 사람들이 많다. 정치가, 성직자, 사회운동가, 복지 종사자 등등. 대중을 사랑한다 생각하지만 실은 아무도 사랑하지 않는 경우가 많다. 그들을 구체적 개인으로 알고 사귀고 사랑하고 있지 않으면서 "사랑합니다 고갱님~" 하고 접대성 멘트를 남발한다. 우리를 무리로 뭉뚱그려 도매금으로 사랑하는 사람의 말을 나는 믿을 수 없다. 구체적 개인으로 대하기 위해서는 제 발로 걸어가 그들 속으로 들어가 함께 사는 노력과 더불어 타인에 대한 상상력이 반드시 필요하다.

타인에 대한 상상력이 없는 곳에서는 공감도 없고 도덕성도 없다. 단식을 하고 있는 세월호 유족들 앞에서 치킨을 뜯고 짜장면을 먹는 사람들에게는 그런 상상력이 결여되어 있다. 나는 이 사회가 아이들에게 적극 권장하고 있는 여러 능력 중 가장 크게 계발해야 할 능력이 바로 이 상상력이라 생각한다. 현대의 여러 사상가와 예언자들이 마치 입을 맞춘 듯 이 상상력을 언급하고 있는 것은 아마 우연이 아닐 것이다.

엄마는 오늘도 소금땅에 물 뿌리러 간다

다른 별에 사는 사람

아침에 어떤 페친(페이스북 친구의 줄임말)의 댓글을 보고 그분이 나와 정치적 입장이 다르다는 것을 알았다. 그는 현 정부가 무에 그리 잘못한 것이 많으냐고 하소연하며 요번 지방선거에서도 여당 쪽을 지지할 것이라 밝혔다. 나는 절대 그리 생각하지 않는다. 정부와 여당은 부패하고 무능하며 세월호 사건을 비롯해 숱한 사안에 대해 책임질 것이 많다고 생각하므로 그분의 견해에 찬성할 수 없다.

그러나, 나는 그분과 친구 관계를 끊을 생각이 없다.

지난 15년간 내가 가장 심각하게 고민한 것은, '나와 전혀 다른 별에 사는 것처럼 보이는 사람을 어떻게 수용하느냐'였다. 의사소통과 공감능력에 장애를 가진 아이를 키우며 하루도 그 생각을 해보지 않은 날이 없다. 매일 감정적으로 피폐해져 가면서 '어떻게 해야 이해할 수 없는 사람을 사랑할 수 있을까' 고민하고 또 고민했다.

내가 그러한 고민을 호소하면 사람들은 이렇게 말하곤 했다. "그거야 네가 어미니까 받아들일 수밖에." 이론적으로야 지당한 말이다. 그러나 막상 그렇게 힘든 아이를 직접 키워 보면, 그런 말이 입에서 금방 떨어지지는 않을 것이다.

예를 들어, 아이는 편식이 매우 심하다. 자폐 장애의 특성 중 하나로, 백 가지 반찬 중 두어 가지 먹을까 말까다. 그 두어 가지가 들어간 상을 차려서 밥을 먹으라고 부른다. 밥을 먹고 있는 아이에게 아쉬운 마음에 "딴 반찬도 같이 먹으면 좋겠다" 말을 꺼내는 날에는, 팩 토라져서 숟가락을 놓아 버린다. 그러면서 자기에게 비난을 했다며 오히려 엄마를 힐난하기 시작한다. 밥 먹다 말고 방에 들어가 버리는 아이를 나무라거나, 엄마나 누이에게 함부로 말하지 말라고 주의를 주는 날에는 그야말로 야단이 난다. 자기를 학대한다며 울고불고 한다.

자기를 비방했다며(이런 말은 어디서 배워 오는 걸까) 분을 못 참고 몇 시간이고 펄펄 뛰면, 적반하장의 예를 보는 것 같아 말을 잃고 만다. 그러면서도 무한정 야단을 칠 수만도 없다는 게 복장

 엄마는 오늘도 소금땅에 물 뿌리러 간다

을 터지게 한다. 그게 그 장애의 특성이니 아이는 꾸중을 들어 봤자 이해할 수도 없고 부모와 사이만 나빠지게 되는 것이다. 일방적으로 참고 또 참는 엄마의 몸 속에는 아마 새까맣게 타버려 이젠 기증할 수도 없는 장기만 남아 있을 것이다.

아이를 사랑하지만 매일 그런 일을 겪는 것은 참 가혹한 일이었다. 누구를 원망한 적은 없지만 그저 한 줌 모래가 되어 어디서 스러졌으면 싶은 나날이었다. 엄마이면서도 그런 삶을 외면하고 싶고 아이를 사랑할 수 없어 운 적은 또 얼마나 많았던지. 그럼에도 우리 가족은 아직 살아남아 있다. 아이는 아직도 종종 나를 괴롭게 하지만 조금씩 자라고 있다. 아이를 아직 절반도 이해할 수 없지만… 우리는 공존 중이다. 그리고 발전 중이다.

도저히 이해할 수도 없고 심정적으로 받아들일 수도 없는 사람과 함께 살아간다는 것이 얼마나 큰 괴로움인지. 그래도 그 사람이 나의 가족 나의 친구이니 함께 살아야 한다는 것, 그게 우리의 가장 큰 숙제가 아닐까. 비판할 것은 비판하고 처벌할 것은 처벌하고 고칠 것은 고치고… 그 와중에도, 그 후에도 함께 살아야하는 것이다. 비난하고 욕하고 죽일 놈 살릴 놈 손가락질을 한 뒤에도 말이다.

나는 내 친구들이 꼴보기 싫은 사람과, 현재 적이라고 생각되는 사람들과 나중에 어떻게 더불어 살 것인지 내내 고민해 주었으면 좋겠다. 이념이니 정치적·종교적·사회문화적 차이에도 불구하고 사람으로서, 따뜻한 심장을 가진 사람으로서 대하며 그 모든 것을 뛰어넘어야 살 수 있다. 그렇지 않으면 우린 또다시 같은 형제끼리 총부리를 겨누게 될 것이다. 십중팔구 피를 보고야 말 것이다.

척결이니 싹쓸이니 하는 생각은 쉽고 같이 살겠다는 생각은 오히려 어렵고 무지해 보일지 모른다. 같은 생각을 하고 있는 사람들 중에서도 따돌림당하고 불온분자로 여겨질지 모른다. 그러나 나는 그 길이 옳은 길이라 생각한다. 우리 속에 깊이 파여 있는 골을 슬퍼하고 고민하는 사람들만이 나중에도 서로를 끌어안는 끈이 되어 주리라 나는 믿는다.

 엄마는 오늘도 소금땅에 물 뿌리러 간다

계시의 순간 I

십 년 전 여름 어느 날, 버스를 탔다. 그날 내가 어디로 향하고 있었는지는 기억나지 않으나, 꽤 오랫동안 서 있었던 것 같다. 세 아이를 키우느라 늘 지쳐 있던 시절이었다. 장애가 있는 아이 뒷바라지는 네댓 아이를 동시에 키우는 것만큼이나 기진맥진한 일이었고, 뒤늦게 낳은 막내는 아직 갓난이였다. 아이들을 양육하는 일은 마음의 여유와 기력을 몽땅 앗아갔다. 게다가 하지정맥류 때문에 장시간 서 있거나 오래 걸으면 다리가 몹시 아팠다. 그래서 그런지 지하철이나 버스만 타면 빈 자리에 가방 먼저 집어 던지고 행여 그 자리를 누가 먼저 차지할세라 광속으로 돌진하는 아주머니들의 심정을 일찌감치 헤아리고 있었달까.

몸도 마음도 고단하던 참이라 내가 섰던 버스 뒷문, 하차하는 문 앞 그 자리는 참을 수 없을 만큼 유혹적이었다. 그러나 아무리 탐이 난들, 선점한 사람이 내어주지 않으면 그 자리는 내 것이 될 수 없다. 그날 따라 30분이 넘어가도록 내게는 단 한 자리도 주어지지를 않았다.

'아… 다리 아파….'

나는 내 앞자리에 앉은, 나보다 열 살가량 많아 보이는 여인을 노려보기 시작했다. 꼼짝도 않는다. 내가 아파서 울고 싶은 심정이 되든 말든, 알 수도 없을 것이고 아무 관심이 없을 것은 당연지사. 그래도 화가 난다. 대체 이 아줌마는 언제 내린담. 이 아줌마만 없으면 남은 거리를 안락하게 앉아서 갈 수 있을 텐데. 정말 꼴 보기 싫은 아줌마다. 어디로든 치워 버리고 싶다.

버스 손잡이에 매달려 흔들거리던 그 순간, 앞좌석의 여인에게 살의를 느끼는 나를 발견하고 갑자기 화들짝 놀라 깨어났다. 뭐지? 내가 느끼는 이 감정은? 나는 그 순간 그 사람을 '사람'이 아니라 '물건'으로 여기고 있었다. 내 편의에 따라 제거되어야 할 '무엇'. 그러나 그 사람은 과연 '무엇'인가. 아니다, 그 사람은 물건이 아니라 그 자리에 앉아 있는, 존중받아야 할 어떤 '사람'일 뿐이다. 나는 사람을 한낱 물건으로 취급하고 제거하고 싶다는 생각에 사로잡혀 있는 나 자신을 발견하고 순간 경악해서 숨을 멈추

 엄마는 오늘도 소금땅에 물 뿌리러 간다

었다. 순식간에 이런 생각이 스쳐 지나갔다.

'난 저 사람을 소외시키고 있다.'

'이런 게 소외의 시작이 아닐까? 기피… 배척… 따돌림. 사람들은 보통 소외가 사회의 병증 중 하나라고 생각한다. 자신이 소외되지 않았다고 여기는 사람은 소외를 병리적 사회현상 중 하나라고만 여긴다. 또 어떤 사람들은 자신이 소외당한 피해자라고 생각한다. 그러나 그 소외가 시작되는 곳이 바로 나 자신이라는 생각은 하지 못한다. 나 자신의 이런 태도, 사람을 사람으로 대하지 못하고 내 유익과 편의에 의해 다른 이를 조종하거나 조작하려 들 때 소외가 시작되는 거다. 다른 사람을 비난할 것도 없다. 소외의 주범은 바로 나 자신이다.'

버스 손잡이에 매달려 벼락처럼 나 자신의 실체를 발견한 그날의 체험은 내겐 마치 '원효대사 해골물 마신 사건'과 같은 것이었다. 그날부터 나는 아무리 오랫동안 버스를 타고 가도 자리가 나지 않는 것에 대해 원망하지 않게 되었으니 말이다. 그로부터 대여섯 달 뒤, 나는 책에서 이런 구절을 발견했다.

위대한 유대인 신학자 마르틴 부버는 우리 마음속에 사람을 각각 주체와 객체로 취급하도록 나누는 선이 있다고 말했다. 객체라는 말의 의미는 세상 사람들이 자기에게 얼마나 쓸모 있는 존재인지의 정도에 따라 사람을 평가하는 경향을 가리킨다…. 타인을 주체로 본다는 것은 그들도 적어도 우리 자신만큼이나 복합적인 존재임을 인정하는 것을 의미한다.

누군가를 '구닥다리 노인네' 혹은 '멍청한 금발'이라고 딱지를 붙인다면 상대방을 객체화하는 셈이다. 번쩍거리는 외제 승용차에 눈길이 갔다가도 운전사가 촌스런 모자를 쓴 노인임을 보고 쓴웃음을 짓는다면, 상대방을 우리와 똑같이 고귀한 인격을 가진 주제적 존재로 보지 않는 것이다. 그는 하나의 객체, 한 개의 물체, 괴짜 늙은이로 전락해 버렸다. 외국인을 무시하는 것도 마찬가지다. 젊은 이들을 싸잡아 게으름뱅이로 치부하든가 불신자를 모두 타락한 이교도로 취급할 때도 똑같은 잘못을 저지르는 셈이다. 장애인이나 외국인을 무시하는 것은 그리스도가 그런 모습으로 계시될 수도 있다는 가능성을 아예 배제하는 것이다. (중략)

다른 사람을 주체로 생각하고 자신을 많이 개방할수록 하나님께 나를 더욱 개방하는 것이다. 만일 내가 나의 필요에 의해서만 인간관계를 맺고 타인을 독특한 존재 즉 주체로 보지 않는다면, 그들을 이용하고 있는 것이다. 사랑이나 인정을 받고 싶은 욕구 혹은 물질적 필요를 충족시키기 위한 목적으로.

—마이클 프로스트, 《일상, 하나님의 신비》에서

사람을 주체와 객체로 나누는 풍조는 얼핏 보면 그리 심각한 일은 아닌 듯 보이지만, 이런 풍조는 우리 뼛속까지 배어들어 있는 고질병과 같다. 나도 모르게 내 부모를 내 삶에 안정과 긍지를 주는 존재인지로 판단해 본다. 내게 선을 베풀지 못하고 부담만 짊어지게 하는 부모는 없느니만 못하다고 여긴다. 아이들도 내게 자랑스러움과 기쁨을 주는지로 재본다. 말 안 듣고 공부 못해서 근심만 안기는 아이는 별로 달갑지 않다. 앞집의 예쁘고 착하고 영특한 딸을 내 딸로 삼고 싶다. 내 배우자는, 내 이웃은, 우리 목사님은 영 마음에 들지 않는다. 남편이 해외출장이라도 가서 몇 년 동안 안 봤으면 좋겠다. 보기 싫은 이웃을 피해 이사를 가 볼까. 우리 교회는 시시껄렁한 것 같다. 교회를 옮겨 볼까. 비극은, 어딜 가도 마음에 꼭 드는 사람을 만날 수는 없다는 것이다. 그것은 내 마음의 문제, 내 태도의 문제이기에. 내 안의 괴물을 직시하고 대결할 때에야 이 세상의 모든 소외 문제, 평화 문제는 풀리기 시작힐 것이다.

계시의 순간 II

"엄마, 아빠는 어디 가셨어요? 집에 안 계시네요."

"아빠는 요즘 아주 세월 좋으시다. 친구들과 함께 점심 자시고 들어오신대."

"아빠한테 친구가 생겼어요? 우와…."

"노인복지관 컴퓨터교실에서 사귄 분들인데, 그분들이 아빠를 좋아하셔. 형님, 형님 하면서 아주 깍듯하게 대하시고 대접도 곧잘 하신다."

"이제라도 친구들과 다니신다니 참 보기 좋네요."

"예전 친구분들과도 왕래하고 지내신다. 대학 동기들, 합창단

 엄마는 오늘도 소금땅에 물 뿌리러 간다

식구들, 교회분들…. 나보다 더 바쁘셔."

"잘됐네…."

어렸을 적부터 늘 궁금했다. '왜 우리 집엔 아빠 친구분들이 안 오실까?' 이제 와 생각해 보니, 우리 가족은 외할머니 댁에 살았으니 아버지는 말하자면 처가살이를 하신 거다. 그래서 친구를 초대하기가 어려우셨을 수도 있었겠다. 친구뿐만 아니라 친척들과 왕래도 별로 없었다. 명절에는 외가 식구들이 외할머니를 뵈러 왔었고, 우리는 큰집에 설과 추석을 쇠러 갔을 뿐, 큰집 식구들이 우리 집에 온 적은 거의 없었다. 어머니 아버지가 친구 만나러 외출하시는 걸 본 적도 거의 없었다. 손님이 오시는 날은 그래서 아주 특별한 날이었던 걸로 기억한다.

며칠 전 엄마는 그것에 대해 이런 설명하셨다.

"그때는 사는 게 각박해서였을 게다. 팍팍해서… 친구들한테 힘들게 사는 걸 보여 주기 싫어서였던 것 같아. 그땐 다들 하루하루 근근이 살 때였으니 친구들도 서로 돌아보기 힘들었지. 그러니 자연히 관계가 소원해지고… 지금은 그래도 다들 형편이 나아졌고, 여유도 생겼으니…."

그러면서 이런 말씀을 덧붙이셨다.

"어려울 때는 친구한테 줄곧 얻어먹을 수도 있고 가끔 신세도 질 수 있는 건데, 아빠는 그런 걸 마땅치 않게 여기셨던 것 같아. 내가 형편이 어려울 때 친구들과 어울리는 걸 좋아하지 않으시더라고. 하지만 뭐 어때? 친구 사이인데. 내 형편이 나아지면 그때 그 친구들한테 잘하면 되는 것 아니냐? 이럴 때도 있고 저럴 때도 있는 거지."

나는 고개를 끄덕이며 엄마 말씀이 맞다고 맞장구를 쳐드렸다. 그리고 엄마와의 대화는 먼 기억, 내가 대학 다니던 시절의 한 장면을 불러왔다.

대학교 2학년 시절은 내게는 내우외환의 시기였다. 외부적으로는 군부독재가 극에 달하고 있어 흉흉한 시국에 수업이 거의 진행되지 않는 지경이었고, 내부적으로 우리 집 경제 사정은 몹시 어려워 늘 쪼들렸다. 종종 과외 아르바이트를 해서 돈을 벌었지만, 극도로 수줍음을 타는데다 마음이 야물지 못해 오히려 학생에게 휘둘리기 십상이었으니 일자리를 유지하기는 언제나 쉽지 않았다. 친구들과의 교제에는 돈이 필요하다. 차 마시러 가고 밥 먹으러 갈 때 당연히 필요하다. 주머니가 텅 비는 날이 많았던 나는 자연스레 그런 자리에 가는 것을 꺼리게 되었다.

어느 날, 함께 공부하던 동아리 성경공부팀이 한 까페에 들어가 자리를 잡았을 때였다. 나는 집에 갈 차비밖에 없는 처지에 그들과 어울릴 수 없다고 느끼고 자리를 피하려 했다. 리더였던 선배가 왜 그러느냐고, 같이 공부하고 가라고 붙잡았다. 배는 고픈데 돈은 없고, 핑계를 댈 말 또한 궁색했던 나는 마음이 울컥해서

　엄마는 오늘도 소금땅에 물 뿌리러 간다

그만 정직하게 말해 버렸다.

"실은… 같이 밥 먹을 돈이 없어요."

"우리가 사줄게, 같이 먹자."

순간 자존심에 금이 쫙 가면서 늘 부모님께 들어왔던 말이 입에서 튀어나왔다.

"남한테 절대 신세지면 안 된다고 부모님이 말씀하셨어요. 그러니 됐어요. 전 안 먹어도 돼요."

선배는 몇 초 동안 입을 다물고 있다가 조용히 말했다.

"친구 사이엔 신세를 질 수도 있는 거다. 사랑을 받을 줄도 모르면서 누구를 사랑하겠다고…."

나는 그 순간 벼락을 맞은 것 같았다. '사랑을 받을 줄도 모르면서 누구를 사랑하겠다고…' 그 말은 그날의 나를 단 한 문장으로 요약해 버린 말이었으므로. 그 말을 들은 이후 나는 그 전날과 전혀 다른 사람이 되었다.

때때로 단 한 마디의 말이 인생을 바꿀 수도 있다. 선배의 그 말은 내 인생을 순식간에 뒤바꾸어 놓았다. 내가 선의와 친절을 베풀 수 있으려면, 남들이 내게 베푸는 선의와 친절을 먼저 받을 줄 알아야 한다는 사실. 그것은 내가 낮아짐을 뜻하는 것이었다. 나는 나도 모르게 늘 베푸는 자의 입장에 서 있어야 한다는 의식에 사로잡혀 있었던 것이다. 그것은 오만이었다.

난 네게 줄 수는 있지만 받는 것은 불가하다는 생각을 하는 사

람은 '내가 너보다 우월하다'는 생각을 은연중에 품고 있는 것이
므로. 친구들이 사주는 밥을 기쁘게 얻어먹을 수 있는 사람이,
나중에 친구들에게 기꺼이 밥을 사주며 기뻐할 수 있을 것이다.
그런 게 사랑이므로. 일방으로 흐르는 것이 아니라 물처럼 낮은
곳으로 흐르기도 하다가 수증기가 되어 하늘로 올라갈 수도 있
는 게 사랑이므로.

그날 이후로 사랑하는 이들에게 무척이나 많은 것을 기꺼이 얻
어먹으며 살아왔다. 나도 그들을 기꺼이 먹일 수 있어서 기쁘다.
늘그막의 아버지께서 친구들과 더불어 시간을 보내신다는 말을
들으니 감격스럽다. 이제라도 친구들과 마음껏 즐거운 시간 보내
세요. 서로 밥 많이 사주시면서, 기쁘게.

     엄마는 오늘도 소금땅에 물 뿌리러 간다

'장애인'이란 말 — 감춤과 드러냄

고양시 원당종합사회복지관에서 주최한 2013년 평생교육 심포지엄에서, 경기복지재단 정책지원팀 책임연구원인 양희택 박사는 '성인장애인 평생교육 발전 방안 및 야학의 효과'라는 글에서 이렇게 말했다.

장애와 장애로 인해 파생되는 문제에 대한 대책들을 역사적으로 검토할 때, 가장 먼저 마주치게 되는 것은 장애의 감춤이다. 장애를 가지고 있는 사람 스스로가 장애를 숨기는 것과 장애를 가지고 있는 사람을 가족 구성원이 숨기는 것 모두를 포함하여 장애(또는 장애인)에 대한 회피, 감춤은 장애인의 인간다운 삶에 있어서 부정적인 영향을 지대하게 미쳐 왔다. 장애인에 대한 감춤과 숨김은 곧바로 장애인의 정상적인 사회생활을 제약하는 결과로 나타났고, 심지어는 일상적인 생활에 있어서도 어려움을 초래하는 원인이 되기도 하였다.

내 아이가 평범하지 않으며 건강이나 지적인 면, 사회적인 면에서 평생 많은 어려움을 겪으며 살 수밖에 없다는 것을 알게 되었을 때, 장애아 부모의 마음에는 격랑이 인다. 길 가다가 난데없이 굴러 떨어진 바위에 깔린 느낌이다. 맨 처음에는 놀라고 충격을 받아 어안이 벙벙, 정신을 차리지 못한다. 정신을 추스르고 아이를 이 병원 저 병원, 이 기관 저 기관으로 끌고 다니는 사이 충격은 잦아들고 대신 둔중한 분노와 죄책감이 깨어진 마음의 틈새로 스며들어, 지병처럼 두고두고 부모를 괴롭히는 우울증으로까지 발전해 간다. 내가 무슨 잘못을 했기에 이런 일이 일어난 건가? 왜 하필 내가 이런 일을 당해야 하나? 장애 판정을 받은 지 몇 년이 지나도 아이는 좀처럼 발전을 보이지 않는다. 우리 집은 정신적으로나 경제적으로나 엉망진창이 되어 가고 있다. 하나님이 계시다면 나에게 무슨 억하심정이신 건가?

그러나 다행히도 사랑이란 위대한 이름으로 많은 부모들은 만

성화되어 가는 슬픔과 좌절을 하나하나 뛰어넘는다. 아이의 지극히 작은 성취 하나도 그들에게는 잔치를 벌일 이유가 된다. 아이의 성취는 곧 부모의 기쁨이요 보람이다. 그러나 어떤 부모들은 내 아이가 도움을 받아야 할 아이라는 사실을 끝내 받아들이지 못한다. 시각장애나 청각장애처럼 또렷하게 드러나 보이지 않는 장애의 경우 그런 일이 더 많다. 그들은 그런 사실을 인정하는 것이 곧 나의 무능, 나의 불행을 인정하는 일인 양 고개를 내젓는다. 그들은 '내 아이는 다만 늦될 뿐'이라고 믿고 싶어 한다.

아이 아빠 몰래 조기교실에 아이를 데려오는 한 엄마가 있었다. 경호는 수학을 퍽 잘했고 계산 능력이 탁월했다. 그러나 계산 외 다른 개념은 잘 파악하지 못했고 국어나 사회 과목들은 언어 능력이 잘 발달하지 않아 애를 먹었으며, 사회성이 크게 떨어져 교우관계와 학교생활에 고충이 많았다. 굳이 장애아가 아니라 하더라도 학습 부진이나 사회적·심리적 문제를 겪고 있는 아이들은 일정 기간 동안 집중적인 도움을 받으면 문제점을 크게 개선시킬 수 있다. 그 시기가 이르면 이를수록 효과가 더 크다고 한다. 그런데도 도움을 거절하는 사람이 의외로 많다.

경호 엄마 얼굴에는 고달픈 기색이 역력했다.

"어떻게든 치료를 받게 하고 싶은데… 경호 아빠 몰래 돈을 마련하려니 쉽지가 않아요. 보험 외판도 해보고 마트에서 캐셔도 해보았는데… 어렵네요. 애 아빠는 저렇게 수학도 잘하고 호기심

도 많은 애한테 무슨 치료니 특수교육이 더 필요하냐고…. 애를
바보 만들 셈이냐고 펄펄 뛰네요."

　엄마와 아빠가 마음을 합쳐 아이를 도와도 어려운 판국에 한
쪽 또는 양쪽이 치료와 도움을 부인하거나 거절하는 경우 아이가
겪을 어려움은 얼마나 극심할까. 내 아이가 '장애아' 혹은 '부진
아'라고 해서 아이에게 큰 문제가 있다거나 하자가 있다고 생각하
면 큰 오산이다. 내 아이는 물론 온전한 존재다. 그러나 도움이 필
요한 존재인 것도 맞다. '장애'라는 말을 부인한다 해도 아이가 겪
는 어려움과 아픔은 사라지지 않는다. 좀더 일찍 치료와 교육을
서둘렀으면 좋았을 것을, 왜 그때 그리 손사래를 치며 부정하기만
했을꼬. 뒤늦게 후회하는 부모들이 적지 않다. 부모로서 인정하고
싶지 않은 사실일지 모르나 얼른 현실을 인정하고 체면이니 자존
심 같은 건 다 뒤로 밀어둔 채 아이를 돕는 일이 시급하다.

　요섭이가 초등학교에 다닐 때, 버스에서 이런 말을 툭 던졌다.
"요섭이는 장애인이지?"
　순간 깜짝 놀랐다. '응'이라고도, '아니'라고도 말할 수 없어 입
을 다물었다. 아이 입에서 그 말을 들은 것은 처음이었다. 누가 아
이에게 대놓고 그런 말을 한 모양이구나. 분명 '복지카드'도 갖고
있으니 그렇게 말할 수 있겠지만, 당사자가 직접 하는 말을 들으
니 가슴이 철렁 내려앉았다. 가슴속 한구석이 금세 젖어들었다.

그 이름을 부끄러워하지 않는 엄마가 되어야 할 터인데….

그런 말을 한 지 8년, 이제 아들 녀석은 자신이 장애인이 아니라 한다. 자기는 장애인들과 같지 않다 한다. 왜 그런 선을 마음에 그어 놓았을까. '장애인'과 '비장애인'은 편의를 위해 만들어 놓은 낱말에 불과하다. 객관적인 그 말에 많은 사람들은 자신의 주관과 감정을 이입해 무시와 조롱의 말로 만들어 사용해 왔다. 결함이 있는 사람, 불완전한 사람, 문제가 있는 사람, 그러므로 깎아내리거나 무시해도 되는 사람으로. 조롱과 경멸의 뉘앙스를 풍기는 말을 등 뒤에서 얼마나 많이 들었기에 아이 스스로 '장애인'이란 말을 거부한단 말인가. 사람 사이에 하잘것없는 말 하나로 벽을 쌓고 선을 긋는 현실을 보면 가슴이 아프다.

언젠가 나이가 같아서 서로 말을 놓게 된 동네 엄마가 이렇게 말했다.

"보통은 내 아이에게 장애가 있다는 말을 하기가 쉽지 않은데, 자기는 그걸 굳이 숨기지 않았어. 그런 점이 대단하다고 생각했고, 감동받았어."

장애가 있는 사람이든 없는 사람이든, 우리는 모두 불완전한 존재다. 아이의 장애를 생각하면 슬프지만, 부끄럽지는 않다. 이것이 나의 삶이다. 아이의 장애를 숨기는 것은 떳떳하지 못함이요, 내 삶을 부정하는 일이다. 아이의 장애로 인해 어려움뿐만 아니라 기쁨과 행복과 성장을 얻었음을 부인하는 일이다. 역설적으로 은총과 사랑이 비처럼 쏟아져 내린 경험들을 하찮은 일로 치부하는 것이다. 그러므로 나는 감추지 않는다.

어리광 피우는 것 같고 응석부리는 것 같아 드러내지 않는다거나 내 고통은 나만의 것이니 나 혼자 삭이고 말리라는 용감한 이에게 경의를 표한다. 그러나 내 약함을 드러내는 것 역시 용기가 될 수 있다. 나의 약함을 보고 약한 이들이 모여 온다. 서로 쓸어 주고 핥아 주는 이들은 외로움이나 고통을 이겨 낼 용기를 조금은 얻고 다시 제 고통의 자리로 나아가니, 한 번은 크게 울고 볼 일이다.

 엄마는 오늘도 소금땅에 물 뿌리러 간다

핸디캡

태어나서 번개치는 것을 가장 많이 본 날

XX중 엄마들과 점심.

장애아들을 키우는 엄마들과 있다 보면 종종 느끼는 바…

우리가 당하는 고통으로 인해

오히려 생각과 감정의 폭이 좁아질 수도 있다는 것.

오히려 너그럽지 못한 사람이 될 수 있다는 것.

우리는 연약하고 상처가 많은 이들이니

언제나 돌봄을 받아야 하고

타인들은 우리를 최선을 다해 돌봐야 하며

언제나 우대를 받아야 한다는 생각을 당연하게 여기고 있는 건 아

닌지.

피해의식에 사로잡혀 고슴도치마냥 가시를 곤두세우고 있는 것은

아닌지.

두렵기도 하고 입맛이 쓰기도 하다….

—2010년 9월 X일 일기

장애아들의 부모는 내 아이가 장애아라는 것을 아는 순간부터 아이와 함께 고스란히 장애를 겪는다. 감정적으로 나와 가장 밀착되어 있는 아이가 평생 극복하기 힘든 어려움을 겪으며 살아가야 한다는 것을 깨닫고 그들은 큰 실의와 낙심, 분노에 사로잡힌다. 이는 자칫 그들의 인성과 삶에 큰 해를 입힐 수 있다. 몸과 마음이 다 피폐해져 일상생활이 흐트러지고 인간관계의 파괴로 이어지기 때문이다.

장애인 주위의 사람들은 역설적으로 관계에서 핸디캡을 갖게 되는데, 이게 참으로 감당하기 어려운 노릇이다. 예를 들어, 발달장애아의 형제자매들은 갈등 상황에서 걸핏하면 이런 요구를 받

 엄마는 오늘도 소금땅에 물 뿌리러 간다

는다. "네 동생을 이해해 주렴. 제 잘못이 뭔지 깨닫지도 못하는 아이잖니" 또는 "오빠는 덩치만 컸지 어린애나 마찬가지잖아. 네가 너그러이 봐줘라." 그러나 억울하게 피해를 당하고도 늘 참으라는 말을 듣는 아이들의 심정은 어떻겠는가. 공정치 못한 대우를 받았다고 생각하는 형제자매들에게 언제까지나 무조건적인 관용을 강요할 수만은 없다.

가족 안에서도 받아들이기 어려운 일이니 하물며 가족 밖에서는 오죽하겠는가. 학교나 교회 등 외부에서 아이들이 싸웠을 경우, 내 아이가 연약하고 부족한 존재니 네가 무조건 봐주어야 한다, 무조건 양보해야 한다 주장하는 것은 평범하기 그지없는 상대 아이에게 그 자리에서 성자가 되어야 한다고 강요하는 것이나 다름없다. 가없는 사랑으로 네가 내 아이를 이해해라, 그렇지 않을 경우 너는 무정하고 나쁜 아이라고 비난하는 것은 옳지 못하다. 당신이나 나나, 당신 아이나 내 아이나 사랑하는 데 무능한 것은 마찬가지니 말이다.

내 아이가 혹여 피해를 입을까, 억울한 일을 당하지는 않을까 신경이 곤두서 있는 장애아 부모들은 아주 사소한 일에도 마음에 상처를 입기 쉽다. 아이와 자신이 당하는 고통을 이해하지 못하는 주위 사람들에 대한 서운함은 분노와 우울과 원망으로 변하기 쉽다. 주위 사람들은 그들을 최대한 이해하고 받아 주려 하지만 한계가 있는 것은 당연지사. 그러나 많은 경우 장애아 부모들은 큰 슬픔과 노여움에 사로잡혀 모든 상황을 주관적으로 해석하는 덫에 빠지고는 한다. 그래서 주위 사람들에게 과중한 요구를 하기도 하고 마치 천동설을 주장하듯 자기 상황을 중심으로 모든 것을 해석하는 오류에 빠지기도 한다.

그렇게 되면 그들을 사랑하고 이해하려던 사람들은 좌절하고 낙심하여 결국 그들과의 소통과 교제를 꺼리게 된다. 투정도 심술도 실은 '나를 받아 줘요, 우리를 돌보아 주세요, 사랑해 주세요'라는 외침의 변주곡이건만, 결국 나와 사랑하는 내 아이를 소외시키는 결과를 가져오고 만다. 자승자박한 모양새랄까—그리하여 마침내 장애아 부모들의 커뮤니티 안에만 머무르게 되고 교제의 폭이 좁아지게 된다. 연민 없는 세상에 대한 원망이 쌓이게 된다. 자기 연민과 응석의 늪… 이것이 장애아 부모들이 가장 경계해야 할 마인드가 아닌가 싶다.

나도 그런 마음에서 결코 예외는 아니었다. 두 아이를 유치원과 조기교실에 보내고 작은 집이나마 한 칸 마련하니 전셋집에서 살던 때와 달리 자금 압박이 만만치 않았다. 그때 남편의 직장 동료에게서 거저 얻은 낡은 자동차가 걸핏하면 멈춰 서고, 심지어 연기를 뿜으며 길바닥에 주저앉는 걸 보신 시부모님께선 돈을 조금 보태 줄 터이니 차를 바꾸는 게 어떠냐고 말씀하셨다. 빚을 지고 사는 것에 큰 부담을 느낀 나는 남편에게 차라리 그 돈을 좀

 엄마는 오늘도 소금땅에 물 뿌리러 간다

빌려 주서서 대출금을 갚게 도와달라고 말씀드려 보라고 했다. 부모님이 주신다는 그 돈은 실로 어렵게, 피땀 흘려 마련하신 돈이었다. 지금 생각해 보아도 참 염치없는 짓이었지만, 아이를 데리고 다니며 빠듯하기 짝이 없는 살림을 하고 있던지라, 주위를 살필 여유라고는 남아 있지 않았던 것 같다.

남편의 말을 들은 부모님께 나는 걱정을 들었다. 빚을 지다니 안 될 말이다, 아이들을 직접 집에서 가르치는 한이 있어도 빚을 지지는 말라는 말씀을 하셨다. 지금은 심사숙고한 교육철학에 따라 홈스쿨링을 하면서 아이들을 유치원은 물론 고등학교까지도 보내지 않는 집이 많다. 그러나 그 당시에는 그런 생각을 하는 사람도, 더구나 실천하는 사람들도 많지 않았거니와, 아이들 교육 때문에 마음을 심하게 졸이고 있던 내게 그 말씀은 마치 원자탄 같았다. 돈을 보태 주신다는 말에도 감사하거나 기뻐하기는커녕 나는 지독한 노여움과 상심에 빠졌다.

'나를 털끝만큼이라도 이해하고 계신 걸까?'

'아이가 어떤 상태인지 잘 모르시는 게 분명해.'

'아이들을 집에서 가르치라고 하시다니…. 만일 그렇게 되면 난 미쳐 버릴 거야.'

앙진된 마음은 좀처럼 가라앉지 않아 며칠 동안 잠을 이루지 못했다. 심화가 나서 견디기 힘들었다. 남편이 집에 돌아오면 아이들을 맡기고 밤길을 무작정 걸었지만, 다음 날 아침 눈을 뜨면 다시 똑같은 쓰디쓴 마음이 돋아났다. 성격이 워낙 단순해 화가 나도 하룻밤을 넘기는 일이 없고 가장 오래 힘들어한 것도 이틀이면 끝이었으니, 그 당시 그렇게 노여워한 것은 생전 처음이라 해도 과언이 아니었다.

내내 우울해하는 나를 보고 남편은 어느 날 오후 북악스카이웨이 팔각정에 데려다 주었다. 나지막한 난간에 기대어 시내를 내려다보았다. 날이 맑아서 멀리까지 눈에 들어왔다. 나는 입을 꾹 다물고 좀처럼 아물지 않는 마음을 진정시켜 보려 했다. 그러나 맑고 조용한 산정에서도 사나운 파도는 잦아들지 않았다.

'나한테 어떻게 그러실 수 있지? 내가 이토록 아파하고 힘들어하는데… 나에게 어떻게….'

몇 분이나 지났을까. 문득 누군가가 내 귓가에서 또렷하게 말하고 있었다.

"그게 어때서? 네가 뭐라고?"

나는 깜짝 놀라 옆을 보았다. 아무도 없었다. 분명히 어떤 사람의 음성을 들었는데, 곁에 사람이라고는 없었다.

'뭐지? 누가 나한테 말을 건 거지?'

유리컵이 단단한 바닥에 떨어져 깨지면서 수많은 파편이 사방으로 튀어나가듯, 종소리가 조용한 산중에 수만 개의 메아리를 만들어 내듯, 그 음성은 내 마음에 부딪쳐 수백 마디의 말을 불러냈다. 그게 어때서? 네가 뭐라고? 어차피 사람은 모두 개별적이

 엄마는 오늘도 소금땅에 물 뿌리러 간다

야. 바로 곁에 있는 사람이 얼마나 큰 고통과 슬픔과 기쁨을 느끼는지 우린 알 수 없어. 그건 불가능해. 네 마음, 네 기준을 가지고 다른 사람을 판단하려 들지 마. 그건 판단의 기준이 될 수 없어. 네가 불쌍하다고? 넌 불쌍하지 않아. 다만 다른 이들이 널 딱하게 여겨 주고 네 마음에 흡족하게 편의를 봐주기를 바랄 뿐. 그게 네 마음대로 되지 않았다고 이렇게까지 화를 내다니. 너 지금, 응석부리고 있는 거 알아?

그날 내가 들은 것이 천사의 음성인지, 성령인지, 환청인지, 그것도 아니면 내 마음속 소리였는지는 모르겠다. 어쨌든 그 신비로운 음성은 내게 은총이었다. 모든 것을 '제 논에 물 대기' 식으로 끌어들이고 마는 심성을 지니면, 잘 안 풀리는 모든 일이 남 탓이 될 수밖에 없다. 그러나 많은 경우, 원망도 근심도 탄식도 사실은 내 마음 하나 다스리지 못했기 때문 아니던가. 어려운 일을 당한 사람일수록 자기 마음이 어디로 치닫는지 돌아보아야 할 것이다. 냉정하게 자신을 바라보고 늘 날뛰기 쉬운 마음을 단속해야 우리를 사랑하는 사람들의 호의나 걱정도 있는 그대로 받아들일 수 있음을 나는 그날 몹시도 따끔하게 배웠다.

자기 연민이란 괴물에 사로잡힌 많은 장애아 부모들이 자신의 주위에 유리벽을 치곤 한다. 어떤 이들은 운 좋게 마음의 고통을 극복하고 다른 사람을 돕는 데까지 나아가나, 또 다른 사람들은 갈등과 부담, 고통을 이기지 못해 심각한 경우 가정 해체, 파산, 장애 자녀 유기, 그리고 자기 삶을 포기하는 극단으로까지 나아가기도 한다. 이렇게 말하면 좀 심한 표현일지 모르겠지만, 몸으로 직접 겪은 바를 솔직히 서술하자면, 장애아 부모 역시 평범하고 정상적인 삶을 잃음으로써, 그리하여 극심한 마음고생을 함으로써, 반쯤은 장애인이 되고 마는 것이다.

장애인 당사자의 치료와 교육은 당연시되지만 장애인 부모의 치료와 교육은 당연시되고 있는가. 부모 교육과 치료, 상담 등은 당사자의 치료와 교육 못지않게 중요하다. 우리나라처럼 장애인의 부양과 치료, 교육 등을 개인(가족)이 거의 다 감당하고 있는 경우, 그 가족 구성원의 몸과 마음이 건강하지 못하다면, 장애인들의 삶 자체가 불안정하고 낙후될 것은 불 보듯 뻔한 일이기 때문이다. 가족 치료와 지원 업무를 확대하고 힘쓰는 것은 꼭 필요하고도 시급한 일이다.

마음의 밥, 육신의 밥

마음의 밥을 먹여 주지 않아
살아갈 힘이 나지 않는다.
육신의 밥이 모자라
배고프고 고달프다.

광주의 한 부부가 다섯 살 난 자식과 함께 연탄불을 피워 놓고 자살했다는 소식을 뉴스에서 접했다. 아이는 발달장애아였다고 한다. 발달장애 판정을 받은 지 며칠 안 되어 그런 극단적인 선택을 했다는 말도 들려온다. 그이들의 사정을 잘 알 수는 없지만 안타까운 마음을 금할 수가 없다.

발달장애아라고 해서 미래가 마냥 어둡지만은 않다. 제일 먼저 엄마 아빠가 아이의 미래를 믿고 아이의 현재를 긍정해 주었어야 하는 것을. 살려고 발버둥 치면 그 시커먼 굴 속에서 탈출할 수 있다고 말해 주어야 했는데. 가까이 있었다면 먼저 겪어 낸 사람

으로서 도울 수도 있었을 텐데…. 아, 아프다. 마음이 무진장 아프
다. 난 무엇을 할 수 있으며 무엇을 해야 하는가. 아파하고 슬퍼하
는 그이들 앞에서.

이 세상을 살아가는 데 꼭 필요한 게 무엇일까. 계속 이 세상에
머무르고 싶은 '삶의 의미' 또는 '희망' 그리고 '돈'. 두 가지 중 하
나만 없어도 살고 싶은 맛이 나지 않는다. '의미' 또는 '희망'은 정
신적인 토대로서 마음의 양식이다. '돈'은 물적 토대로서 육신의
밥이다. 이것들은 사람이 세상을 살아가는 데 최소한의 조건이
다. '건강'이라든가 '관계' 등 손꼽을 수 있는 것들은 여러 가지겠
지만, 아무튼 저 두 가지는 삶을 이어가는 데 필수 조건임은 틀림
없다. 광주의 그 불행한 가족에게 필요했던 것도 그 두 가지가 아
니었을까, 조심스럽게 헤아려 본다.

은호란 아이가 있었다. 늘 할머니가 조기교실에 데리고 다녔는
데, 겉으로 보기에는 아무런 문제도 없어 보이는 자폐아들과 달
리, 은호는 안면 기형에 발육이 무척 더뎌 또래 아이들보다 네댓
살은 어려 보였다. 지능이 살짝 부족하고 판단이 미숙해 항상 자
잘한 말썽을 일으키곤 해서 어딜 가도 환영을 받지 못했다. 상대
가 자신을 반기지 않는다는 것을 아이들은 본능적으로 알아차리
는지, 환영받지 못하는 아이들 마음은 거칠고 앙진되어 있기 마
련이다. 게다가 은호 엄마와 헤어져 늙은 어머니와 살고 있는 은
호 아빠도 몸이 불편하고 늘 돈 걱정을 해야 하는 처지에 놓여 있

 엄마는 오늘도 소금땅에 물 뿌리러 간다

었다. 그래서 그런지 은호 할머니 얼굴에는 늘 짙은 어두움이 내려앉아 있었다.

어느 날, 엄마들과 함께 이야기를 나누던 참이었다. 은호를 데리고 이곳 저곳으로 교육받으러 다니면서 받았던 서러움과 고달픔에 대해 한참 말씀하시다가, 할머니는 조금은 냉랭한 한마디를 결론처럼 툭 내던지셨다.

"그기이, 살아 뭐하겠소. 차라리 죽는 게 낫지요."

"…"

광주의 세 가족 이야기를 나누던 중, 어떤 이는 그들이 아이에게 찍힐 사회적 낙인을 예상하고 견딜 수 없어 죽음을 택했을 것이라 했다. 나는 그러한 절망을 은호 할머니 얼굴에서 읽었다. 아이가 온전한 대우를 받으며 살아가지 못하리라 예상하는 데서오는 절망. 이 약육강식의 정글에서 내 아이는 분명 매장될 거라는 공포. 사람 대접을 받지 못할 거란 생각에 느끼는 슬픔. 이 인정사정없는 세상은, 잘나고 스펙 좋은 사람들조차 자신의 가치를 의심하게 하는 세상 아닌가.

여리고 가냘픈 것들, 아름답지 않고 쓸모없어 보이는 것들을 안쓰러이 여기는 또 다른 세상은 사라져 버렸는가. 우리는 모든 것을 집어 삼키는 괴물의 아가리 앞에 서 있는가. 가장 작은 자들도 얼마든지 보호받고 살아남을 수 있다는 예를 흔히 볼 수 있다면, 그리 만만히 절망에 먹히지는 않을 것이다. 그런 모습들을 주위에서 목격해야만 살아남을 수 있는 사람들이 있다. 가진 게 아무것도 없어서, 희망과 존중을 세상에 매는 끈 삼아 살아가는 사람들이 있다. 그들에게 희망과 존중을 보여 줄 사람은 누구인가.

육신의 밥이 없음 역시 절실한 문제다. '돈'이 반드시 '삶의 의미'를 보장하는 것은 아니지만, 최소한의 물질이 보장되어 있지 않을 경우 '의미'를 찾기란 어려운 일이다. 집에 장애인이나 만성질환을 앓고 있는 환자가 있는 경우, 가족이 부담해야 하는 돈은 어마어마하다. 여기서는 발달장애아들을 키우는 가정에 국한하여 언급해 보려 한다. 장애인 등에 대한 특수교육법에 따르면 장애 영유아는 특수교육을 무상으로 받을 권리가 있다고 명시되어 있다. 그러나 이것은 일단 아이가 속해 있는 어린이집이나 유치원에서 제공되는 교육을 말한다. 발달이 느린 아이들의 특성상 아이와 선생님의 일대일 교육은 필수적이다. 조기교육은 되도록 아이의 증상을 빨리 발견해 빨리 치료하고 빨리 교육할수록 효과를 더 크게 볼 수 있다.

이 비용은 아직까지는 철저히 개인 부담이다. 말 그대로 사교육비인 것이다. 발달장애 검사 진단비와 회당 최소 2만 5천 원인 치료비(정부나 지방자치단체 또는 종교기관 같은 곳에서 운영하는 복지관의 경우. 사설기관의 경우 주 1회당 10만 원이 넘는 곳도 많다). 한 달에 네 번이면 10만 원이다. 게다가 하나로 그치는 게 아니다. 서너

가지의 치료를 병행하는 건 최소한이다. 가장 기초적인 치료 몇 가지만 받는 데도 월 40만 원이 넘는다는 말이다.

그나마 복지관 같은 데서 치료를 받는 아이들은 운이 좋은 편이다. 수요는 많은데 공급자는 늘 부족해서, 복지관 프로그램에 한번 들어가기 위해서는 많게는 2년 가까이 대기해야 한다. 그 대기 시간은 이 아이들에게는 천금 같은 시간이다. 이 아이들의 성장은 시간과의 싸움이기 때문이다. 그 프로그램만 마냥 기다릴 수 없는 부모들은 돈이 많이 들더라도 사설 기관들을 찾을 수밖에 없다. 이 치료비는 90퍼센트가 서민층에 속한 부모들에게는 상당히 큰 부담을 안긴다. 거기다 약물치료를 받는 등 병원에 다니는 아이들도 많고….

교통비 등 부대비용은 또 어떤가. 돈이 없어 진단과 치료를 못하고 우물쭈물하는 사이 아이들은 쑥쑥 자라고 장애가 없는 아이들과의 격차는 안타깝게도 크게 벌어져 간다. 유치원 교육은 무상으로 가고 있다 하지만 이 조기교육, 특수교육 쪽은 아직 철저히 사교육으로 취급받고 있다. 그러나 국민 건강과 사회통합의 촉진을 위해 발달장애의 빠른 진단과 국가적 지원은 필수 아닐까. 네 애는 네가 알아서 책임지라는 국가의 태도는 경제 효용가치 면에서도 이후에 더 큰 비용이 발생한다는 점에서 손해를 불러오는 태도 아닌가.

장애아를 키우는 부모 중 많은 이들이 경제적 고통을 함께 겪는다. 장애 정도가 심한 아이들은 보호자가 늘 옆에 있어 돌봐주어야 하는데, 이 경우 맞벌이가 불가능하다. 맞벌이를 할 수 있는 경우에도 아이를 유치원 종일반 등에 맡기고 나가면서 물적·심적 고통이 만만치 않다. 활동보조인, 도우미를 써야 하는 경우에도 비용이 지출되어야 하고…. 엄마들이 돈을 벌어 생계와 아이들 교육에 보탬을 주기 위해서는 일정 비용 이상을 벌지 않으면 오히려 적자가 난다는 결론이 난다.

재산이 넉넉한 집 아니고서는 밑 빠진 독에 물 붓기 같다고나 할까. 빚 문제, 경제 문제로 인한 가정 파괴는 발달장애아를 키우는 집에서는 드문 일이 아니다. 친구들이 가끔 물어보는 말에 '아들한테만 전셋집이 한 채 넘게 들어갔지'라고 대답하고는 하는데, 농담이 아니다. 오랜 조기교실 통학중 선생님들이 후원자들을 모아 교육비를 줄여 주시는 등 학부모들의 편의를 최대한 봐주시는 호의를 베풀지 않았다면 필시 더 큰 돈이 들었을 것이다. 보험금이 나오는 것도 아니고 오로지 아이들 부모의 주머니 사정에 따라 아이의 미래가 결정되는 이 기막힌 사정들.

"이번에 해외에 나가기로 했어요. 국내는 아무래도 우리 애들 키우기에는 환경이 열악하잖아."

선배가 내 아이와 비슷한 아이를 데리고 이민을 가기로 했다는 말을 듣고 돌아오던 날, 가슴을 훑고 지나가던 서늘한 바람. 평소에 그리 물욕이 있는 사람은 아니라고 생각했는데, 그 말을 들

     엄마는 오늘도 소금땅에 물 뿌리러 간다

었을 때 느껴지던 박탈감과 자괴감은 아마 내가 어미이기 때문일 것이다. 부모가 무능하여 좀더 나은 환경을 제공하지 못하는구나. 좀더 좋은 교육을 받으면 좀더 나아지려니 싶은 기대가 누구에게나 없을 리 없다. 빚은 비록 졌지만 그럭저럭 안정된 직장이 있어 최소한의 경비로 아이를 교육시킨 나도 그런 생각을 했는데, 하물며 최저 생계비조차 부족해 아이를 제때 가르치지 못하는 가정의 안타까움과 슬픔은 어찌 형언하겠는가.

장애와 질병은 가난한 가정에 더욱 예리한 아픔, 더 지독한 가난을 안기는 어려움이다. 이 문제를 전적으로 개인에게 맡기는 한, 가난한 사람들은 자립할 꿈, 살고 싶은 희망과 더더욱 멀어져간다. 조기 특수교육이 꼭 필요한 아이들, 발달이 늦은 아이들에게 무상으로 제공되는 날은 언제 올까.

아들이 조기교실을 졸업하고 얼마 안 되어서였다. 전화로 같은 교실을 다니던 엄마와 이야기 나누던 차에 얘기가 나왔다.

"요섭 엄마, 그 얘기 들었어요? 은호기 교통사고가 나서… 죽었대."

"아…."

뜻하지 않은 사고로 저 세상으로 훨훨 가버린 은호. 은호의 얼굴과 '차라리 죽는 게 낫지, 살아 뭣하것소'라며 한숨 섞인 투로 말하던 은호 할머니의 목소리가 떠올랐다. 가슴속을 북풍이 시리게 훑고 지나갔다.

마음의 밥을 먹여 주지 않아 살아갈 힘이 나지 않는다. 육신의 밥이 모자라 배고프고 고달프다. 가혹한 짐, 한 가정과 그 이웃에게만 떠넘기지 말고, 나누어 지는 시스템이 더 많이 필요하다. '백짓장도 맞들면 낫다'고 하는 속담은 그저 상투적이고 진부한 말만은 아닌 것이다.

8년 전 어느 날의 일기

도서실에서 봉사하는 날.

같이 당번 맡은 승현 엄마라는 분도 아이가 5학년에, 크리스천에, 수학 선생님 부인이라고… 말이 통하는 데가 많아서 여러 이야기를 나누었다.

의외의 사실을 알게 된 건, 유선이가 다니는 어린이 치과 그 선생님네도 심한 자폐아를 키우고 있다는 거였다. 어쩐지 말로는 표현할 수는 없었지만 그 상냥한 의사 선생님에게서 동병상련 분위기가 느껴지더라니….

다른 이들에게 우리 아이, 우리 가정 얘기를 할 때는 엄살을 피우기 싫어서, 또 그리스도인으로서 밝은, 소망 있는 얘기만 하고 싶어서 의연하게 얘기해 놓고도 집에 오면 내 고통은 현재진행형이며, 좀처럼 줄어들 기미도 없다는 것을 매순간 느끼게 된다. 믿음이 없다는 것도.

요섭이가 엄마와 책 읽기를 싫어하고 한심한 홈쇼핑 광고만 보겠다고집할 때나, 예쁜 머리카락을 한 움큼 뽑아 마루에 늘어놓는다거나, 자기 소변을 밥그릇마다 담아 놓는다거나(왜 그러는지, 그걸로 뭘 하는지 아직 진상 파악을 못했다) 주의 주는 말을 할 때마다 로봇으로 변신하는 걸 보면, 이 지긋지긋한 일들이 언제나 끝나나─끝나지 않을 거란 생각에─한숨이 절로 나온다.

그 의사 선생도 아이를 보며 인력으로 안 되는 일이 있다는 걸 깨닫고 교회로 발걸음을 돌렸다 한다. 나의 고통이 하나님께 나를 매는 끈이란 생각을 하면서도 몸서리가 나는 건… 내가 이율배반적 존재이기 때문?

낮에 아이 키우는 고단함에 대해 먼 타국에 가 있는 친구와 더불어 한참 동안 이야기를 나누었다. 자녀 양육은 아마 사람 진을 빼놓는 데는 으뜸이 아닐까 싶을 정도로 공이 많이 들고 시간도

 엄마는 오늘도 소금땅에 물 뿌리러 간다

진저리나게 오래 걸린다 싶다. 한 치 앞이 보이지 않는 컴컴한 터널을 몇 년이고 더듬더듬 통과하는 기분. 끝이 나지 않을 것 같아 불안하고 절망스러운 기분. 유난히 어려운 아이를 키우는 엄마들이라면 다들 느껴 보았을 그 기분.

그중 제일 어려웠던 순간들은 언제였나 예전 일기들을 뒤적여 보니 저런 구절들이 나온다. 아, 그땐 그랬지. 솔직히 몇 년 전까지만 해도, 아들이 사람 구실 제대로 할까 의심스러웠다. 시계 보는 법을 배울 수는 있을까? 버스 타는 법은? 남의 말에 귀기울이는 법은? 타인의 지시에 따를 수 있을까? 가게에 가서 돈을 거슬러 올 수 있게 될까? 중학생이 되도록 전화벨이 울려도 받을 생각을 하지 않던 녀석이었다. 언젠가 전화를 받을 수는 있게 될까? 다른 사람을 사랑하는 일도 가능할까?

서 일기를 쓴 지 8년이 흐른 지금, 나의 염려를 뛰어넘어 훨씬 잘 커준 아들을 보니 내가 참 믿음이 적은 사람이었구나 다시금 깨닫게 된다. 기특하고 대견하다. 여기까지 키워 주신 나의 주님께 감사할 뿐.

수능시험이 치러지는 날 새벽, 문득 눈이 떠졌는데 이런 생각이 머리를 스쳐갔다.

'일반적인 경우라면 내 아이도 오늘 수능을 보았겠다.'

아이는 그 전날인 예비소집일에 수능수험표 대신 100만 원이 조금 넘는 액수가 찍힌 급여명세서를 쥐고 집에 돌아왔다. 오래전, 변하지 않은 나 그대로였다면 분명 슬픈 날이 되었을 것이다. 남의 아이들은 다 치르는 수능을 내 아이는 꿈도 꾸어 볼 수 없구나 하며 한탄했을 것이다. 어느 날 일기에 친구들과 어울려 딱지치기, 공차기 하는 아들, 다른 애들과 같이 시험 보고 성적표를 갖고 오는 아들을 꿈꾸며 푸념했던 그 여자 그대로였다면.

그러나 살아 보니 지능이니 학교의 명성 따위는 부차적인 것임을 알겠다. 수능을 보지 않아도, 수능을 볼 수 없어도, 살아 있다는 것만으로도 고마운 것이다. 생명보다 귀한 건 없다. 수능 시험일만 되면 부디 비관하여 높은 데서 뛰어내리는 아이가 없게 해달라고 아침부터 간절히 빈다는 어느 목사님 말씀이 생각난다. 어른들이 줄 세워 놓은 학벌이니 권력 위계니 하는 것들은 얼마나 가소로운 것인가. 우리 아이들의 생은 그깟 졸렬한 것들보다 훨씬 푸르고 빛나는 것이다.

내 아이는 비록 수능은 볼 수 없어도 엄마 아빠의 훌륭한 스승이 되어 주었다. 다른 사람들이 맹목적으로 다 따르는 천편일률적인 삶이 마땅한 것이며 그 길밖에는 길이 없다 믿던 엄마의 삶의 패러다임을 송두리째 바꾸어 놓았다. 약자의 눈으로 세상을 보게 해주었다. 이게 옳다, 이게 정상적이다 믿었던 모든 가치관을 뒤집어엎어 점검하게 했고, 나와는 다른 모든 사람을 긍정하

    엄마는 오늘도 소금땅에 물 뿌리러 간다

고 끌어안게 만들었다. 신자유주의적 가치관으로 보자면 도태되고 배제될 수밖에 없는 사람들이 실은 모두 다 하나님의 어여쁜 아이들이며, 하나님은 사랑으로 그 사람들을 돌보신다는 것도 알게 해주었다. 세상의 그 어떤 학교, 어떤 설교에서 이런 사실을 배울 수 있을까 싶었다.

아들이 이제 직장생활을 한 지도 1년이 넘어간다. 직장에서 칭찬받으며 열심히 일한다고 하니 더 바랄 게 없다. 내 친구도 그랬다. 지금 이 순간으로 내일을 속단하지 말자고. 미래는 아무도 알 수 없는 것, 다만 오늘을 기쁘게 최선을 다하며 사는 수밖에.

친구야, 파이팅. 우리 아이들의 미래를 우리가 전적으로 만들어 가거나 책임질 수는 없으니 그저 하루하루 행복하게 살자꾸나. 씨는 이미 뿌려졌으니 언젠가 고운 채송화, 봉숭아 꽃봉오리 터뜨릴 날을 기다려 보자. 우리는 물 주고 북돋는 사람일 뿐, 성장하게 하는 힘은 하늘로부터 오나니.

아들에게 보내는 편지

너는 오늘도 혼자서 엘리베이터를 타고 내려갔다.

우리는 자동차 도로를 가운데 두고 떨어져 나란히 걷는다.

갈래길에서 너는 나에게 어느 길로 갈 거냐고 묻지 않는다.

나는 이쪽 건널목, 너는 저쪽 건널목으로 건넌다.

나는 빵과 우유를 사야 하니 너 먼저 집으로 가라고 했다.

너는 패스트푸드를 넣은 봉지를 들고 먼저 집으로 갔다.

누가 보면 우리는 마치 서로 싸운 사람들 같다.

그러나 우리에게 이건 데이트나 마찬가지.

감자튀김을 먹고 싶다는 말에 "네가 사올래?"라고 물었더니
"엄마랑 같이 갈래요"라고 해서 나선 길이었다.
바깥은 춥고 미끄럽고 일은 산더미라 저녁 해먹을 시간도 없는데
굳이 밖으로 나선 것은 그 한마디 때문이었다.
네가 밤을 무서워하고 밖에 돌아다니는 불량청소년(?)들을
무서워해서
그런 말을 한 건 알고 있다.
굳이 엄마와 가고 싶은 마음이 있어
그런 말 한 건 아니란 것을,
엄마와 있으면 안전하기 때문임을,
낮이었다면 구태여 엄마랑 나간다는 말 하지 않았을 것임을.

그렇지만 그런 말을 해주니 고맙다.
그런 구실로 너랑 바깥에 나갈 수 있었으니 말이다.
아까 너는 오랫동안 같이 교회 다닌 친구가 이사를 갔다며
몹시 아쉬워하고
그 말을 해준 선생님을 원망했다.
선생님이 너를 시기해서 그런 거라 했다.
원망과 판단의 핀트는 한참 빗나갔지만
어쨌든 그런 얘기 해주어 고맙다.
네 마음속 기쁨과 슬픔에 대해 얘기할 줄 아는 사람이 되었다는

것만으로

엄마는 너무너무 고맙다.

저번에 텔레비전에서 이스라엘 엔게디 키부츠를 소개하는 화면이

나왔다.

염도가 높은 땅에 몇 년 동안이나 물을 대어

소금기를 다 빼내고 농장을 만들었다는 것인데,

그리 슬플 것도 없는 얘기에 눈이 확 붉어졌었다.

너를 키우는 일이 내게는 소금땅에 물 대는 일처럼 가망 없게

느껴졌고

끝이 보이지 않는 일에 희망을 거는 듯 아득했는데,

이제 너는 비록 길 건너편이라도 나와 함께 걷고

친구를 잃은 슬픔에 대해 내게 말해 주니 말이다.

소금사막이었던 엔게디 지방에 식물원을 만들어 낸 그이들처럼

엄마는 살고 싶은 것이다.

동전을 넣으면 바로 콜라니 사이다니 떨어져 내리는

자판기 같은 사랑밖에 모르는 엄마에게 네가 없었다면,

싹이 틀 수 있는 땅 한 뼘 얻으려고 땀과 눈물을 아끼지 않는

농부의 아름다운 마음과 사랑을 알 수 있었겠느냐.

지금도 너는 마치 낯선 사람처럼 엄마를 대할 때가 많지만

그러면 그럴수록 언젠가 어디서도 볼 수 없는

커다랗고 화사한 꽃이 피어날 것을 바라는 마음은 더욱 커져만

갈 것이며

이미 마음의 눈으로는 그러한 꽃을 보고 있기에

엄마는 고맙다.

사랑을 돌려받지 못함에 아파 웅크리는 마음을

돌파하고 나갈 적에만 포도원은 결실을 주나니

엄마는 오늘도 소금땅에 물 뿌리러 간다.

군대 갔다 온 남자들에게 군대 이야기가 있다면, 애 낳은 여자들에게는 출산 이야기가 있다. 아이를 낳은 횟수대로 이야기가 각각 다른데, 죽도록 고생하다 일종의 승리담으로 끝나는 것이 군대 이야기와 닮았다. 과정이 험난했던 사람일수록 흥미로운 얘기들이 진진하다. 아이가 생기지 않아 시도해 보았던 온갖 방법들, 처음부터 끝까지 쓴물만 토했다는 입덧 이야기, 난산, 전신마취가 안 풀려 그대로 천국에 입성할 뻔했다는 이야기, 산후조리에 얽힌 이야기 등등. 나처럼 세 아이 모두 입덧도 하지 않고 자연분만으로 순산한 사람은 끼어들지도 못할 만큼 기막힌 스토리들이 줄줄 흘러나온다. 출산을 한 번이라도 한 여자는 자신만의 출산 스토리를 자신만의 영웅담으로 품고 있으며, 이 영웅담을 다른 출산 경험자들과 나눌 때 그는 자기 스토리의 특별함으로 자기를 확인함과 더불어 다른 여인들과 강한 연대감을 느낀다.

장애아 엄마들의 경우에도 마찬가지라, 장애아 엄마들 모임에 가면 친밀감까지 갖지는 않더라도 단박에 옆 사람을 이해하고 그 사람 편에 서게 된다. 이런 경우들이 한두 가지이겠는가. 서로가 겪어 왔던 세월이 닮아 있다고 느낄수록 상대 안에서 나를 발견하고 애틋한 감정을 느끼는 것은 당연한 일일 것이다. 반대로, 나와 닮은 사람에게 애증을 느끼는 것도 충분히 있을 법한 일이다. 내 자식 중 가장 나와 많이 닮은 아이에게 한없이 애착이 가다가도, 비루한 내 못남을 그 아이에게서 발견하고 외면하고 싶었던 적은 또 얼마였던지.

내가 문과대, 그중에서도 국문과라는 데를 나와서도 문학을, 이야기를 제대로 접하지 못하고 산 데는 그런 변명이 슬그머니 끼어든다. 삶이 버거워서였다. 시란, 서사란 기묘하게도 듣는 이의 인생을 단 1밀리미터라도 움직이지 않을 수 없는 힘을 지녔기에, 일부러 귀를 막고 피한 감이 없지 않았다. 내 이야기를 내가 짊어지기도 힘겨운데 남의 이야기까지, 그런 이기적인 심사였다. 쓴맛 나는 약을 피해 설탕 바른 과자들만 찾아 먹은 것에는, 물론 내 허약하기 그지없는 기질 탓이 더 크다는 것도 솔직히 털어놓아야겠지만.

그런데 홀연, 어제오늘 시를 읽는데 이런 생각이 다가왔다. 나처럼 울어서 눈이 짓무른 한 사람이 곁에 다가와 말을 건넨다. "당신도 아프군요. 혼자 울지 말고 같이 울어요." 그 짓무른 눈을 보며 위로를 느낀다. 외롭지 않다는 생각이 든다. 이제 그만 도망쳐도 되겠다는 생각이 조금씩 들기 시작했다. 다른 사람들 이야기를 들으며 때로는 귀를 틀어막고 싶겠지만, 그래서야 어디 늘 보아 온 내 아이의 자폐적 행동과 다를 바가 없지 않겠나. 울어서 퉁퉁 부은 눈으로 남루하고 빛 바랜 삶들 앞에 용감하게 설 때,

역설적으로 사랑과 온기를 발견하고 긍정하게 될지도 모르는 일 아닌가.

언젠가 식구들과 꿩 냉면 잘하는 집에 갔다. 식사를 마친 후 다른 식구들은 먼저 나가고 맨 마지막으로 홀에 남아 신발을 신는데, 맞은편 자리의 어떤 모자가 눈에 들어왔다. 아이는 뇌병변장애가 있는 듯 온몸이 나뭇가지처럼 마르고 비틀려 있었다. 식탁 앞에서 금세라도 훨훨 날아갈 것 같은 아이를 품에 안고 아이 엄마는 한없이 사랑스러워하는 눈길을 아이 얼굴에 쏟고 있었다. 갑자기 눈물이 쏟아질 것 같아서 황급히 그 자리에서 도망쳐 나왔다. 그 엄마의 눈길 하나가 나의 모든 이야기보다 더 무겁고 찬란하였다. 나는 그 순간 그 엄마의 눈빛 속에서 내 모든 이야기와 깨달음을 읽었다.

나도 울다 지쳐 눈은 붓고 머리는 산발한 사람 곁에 살그머니 앉아 말을 걸어 본다. 수줍고 어눌한 한 사람이 손을 내민다. 가만히 눈을 들여다본다. 손을 꼭 잡으며 어깨를 끌어안으며 속삭인다. 당신도 아프군요. 혼자 울지 말고 같이 울어요.

이 책은 그이들에게 조심스레 내민 손이다. 그이들에게 보내는 내 눈길이다. 내 삶을 끌어안으려 애쓰고 몸부림쳤던 기록들이 그 누군가에게 따뜻한 위로와 소망을 주는 작은 불씨가 되고 목마른 이에게 신선한 물 한 모금이 된다면 더 바랄 나위가 없겠다.

엄마는
오늘도

소금땅에
물 뿌리러 간다

Mom Keeping on Sprinkling Water
on the Salty Ground

2016. 5. 11. 초판 발행
2016. 6. 28. 2쇄 발행

지은이 최유진
펴낸이 정애주
국효숙 김기민 김의연 김준표 김진원 박세정 박혜민
송승호 오민택 오형탁 윤진숙 이한별 임승철 임진아
정성혜 조주영 차길환 한미영 허은
펴낸곳 주식회사 홍성사
등록번호 제1-499호 1977. 8. 1.
주소 (04084) 서울시 마포구 양화진4길 3
전화 02) 333-5161
팩스 02) 333-5165
홈페이지 www.hsbooks.com
이메일 hsbooks@hsbooks.com
페이스북 facebook.com/hongsungsa
양화진책방 02) 333-5163

ⓒ 최유진, 2016

• 잘못된 책은 바꿔 드립니다.
• 책값은 뒤표지에 있습니다.
• 이 도서의 국립중앙도서관 출판예정도서목록(CIP)은
  서지정보유통지원시스템 홈페이지(http://seoji.nl.go.kr)와
  국가자료공동목록시스템(http://www.nl.go.kr/kolisnet)에서
  이용하실 수 있습니다.(CIP제어번호: CIP2016011220)

ISBN 978-89-365-0336-9 (03230)